विद्युत वितरण ट्रांसफार्मर

ELECTRICAL DISTRIBUTION TRANSFORMER

रनवीर सिंह

Copyright © Ranvir Singh
All Rights Reserved.

समर्पण

यह लेख उन लेखकों एवं संस्थानों के प्रति हार्दिक आभार व्यक्त करता है जिनके योगदान/लेखन को पूर्ण या आंशिक रूप से इस लेखन सामग्री में संयोजित किया गया है । विद्युत विभाग के सेवाकाल अनुभव और सेवा निवृति उपरान्त प्रशिक्षुकों के अनुरोध पर यह लेखन सामग्री संकलित की है, जिसका एकमात्र उद्देश्य केवल पूर्णत प्रशिक्षण तथा वास्तविक ज्ञान के सदुपयोग के लिए समर्पण है ।

क्रम-सूची

क्रम-सूची

क्रम-सूची

प्रस्तावना

प्रस्तावना

विद्युत वितरण ट्रांसफार्मर

विद्युत वितरण व्यवस्था प्रणाली में मुख्यतः लाइन और ट्रांसफार्मर आते हैं । लाइन की पहचान अधिकतर वोल्टेज से की जाती है कितने वोल्ट और कितने केवी (किलोवोल्ट) की लाइन तथा ट्रांसफार्मर की पहचान भी वोल्टेज से की जाती है परन्तु प्राइमरी (प्राथमिक) और सेकेंडरी (द्वितीयक) के वोल्टेज से की जाती है । कहने का आशय यह है कि लाइन की पहचान एक वोल्टेज से तथा ट्रांसफार्मर की पहचान दो वोल्टेज से की जाती है, ट्रांसफार्मर कितना वोल्टेज लेता है और कितना वोल्टेज निकालता है । जैसे 33 केवी, 11 केवी, 0.4 केवी लाइन आदि और ट्रांसफार्मर 33/11 केवी, 33/0.4 केवी 11/0.4 केवी आदि । ट्रांसफार्मर वह उपकरण है जो वोल्टेज बदलता है, जबकि लाइन वोल्टेज नहीं बदलती है । ट्रांसफार्मर की क्षमता केवीए (किलो वोल्ट एम्पीयर) अथवा एमवीए (मेगा वाल्ट एम्पीयर) में होती है । अतः किसी भी ट्रांसफार्मर के लिए वोल्टेज और क्षमता बोलना दोनों ही आवश्यक हैं । जैसे 63 केवीए, 11/0.4 केवी ट्रांसफार्मर । एक और मुख्य कारण ट्रांसफार्मर की दोनों बाइंडिंग (प्राइमरी और सेकेंडरी) में कोई कनेक्शन नहीं होता है फिर भी दोनों बाइंडिंग एक ही कोर पर होती हैं । ट्रांसफार्मर के कार्य करने का सिद्धांत विद्युत चुम्बकीय प्रेरण (इलेक्ट्रो मेग्नेटिक इंडक्शन) है ।

ट्रांसफार्मर (परिणामित्र) – ट्रांसफार्मर वह उपकरण है जो एक वोल्टेज को दूसरे वोल्टेज में बदलता है । यहा भी करेंट होता है, परंतु विशेष बात यह है कि एक ही कोर पर पहले एलटी वाईंडिंग तथा उसके ऊपर एचटी वाईंडिंग होती है किन्तु एचटी से एलटी वाईंडिंग का कोई किसी प्रकार का कनेक्शन नहीं होता है, यहाँ चुम्बकत्व (मेगनेटिज्म), इंडक्शन (प्रेरणा/प्रभाव) के कारण एक वाईंडिंग से दूसरी वाईंडिंग में करेंट प्रवाहित होता है । यदि ट्रांसफार्मर एक वाईंडिंग में करेंट है तो दूसरी वाईंडिंग में भी करेंट प्रवाहित होगा । जबकि एलटी लाइन का किसी स्थान पर जाइंट/जमफर खुलने/जलने से उस लाइन में आगे करेंट नही होगा, परंतु अन्य 11 केवी या उससे अधिक वोल्ट की लाइन कि किसी स्थान पर जाइंट/जमफर खुलने/जलने से उस स्थान पर दोनों तरफ से करेंट होगा, यह करेंट ट्रांसफार्मर के डेल्टा कनेक्शन होने के कारण वापस करेंट पहुचेगा वहाँ तक जहां पर जाइंट/जमफर खुला/जला है । ऐसे में बहुत सावधानी बरतने की आवश्यकता है ।

विद्युत – ट्रान्सफार्मर क्षमता केवीए/एमवीए में क्यों ?

- प्रत्येक ट्रान्सफार्मर में कोर लॉस और कॉपर लॉस होते हैं ।
- कोर लॉस इनपुट वोल्टेज पर निर्भर करते हैं ।
- कॉपर लॉस करेंट के वाईंडिंग में प्रवाह पर निर्भर करते हैं ।

- इस प्रकार कुल लॉस वोल्टेज और करेंट पर निर्भर करते हैं, परन्तु पावर फैक्टर पर नहीं ।

- इसलिए ट्रान्सफार्मर क्षमता केवीए/एमवीए में होती है किलोवाट/मेगावाट में नहीं होती है ।

ट्रांसफार्मर को दो श्रेणी में वर्गीकृत किया जाता है – एक वितरण ट्रांसफार्मर, दूसरा पावर ट्रांसफार्मर । वितरण ट्रांसफार्मर 11 केवी (एचटी) से 440 वोल्ट (एलटी - फेज टू फेज) और 220/230 फेज टू न्यूट्रल बनाता है, जबकि पावर ट्रांसफार्मर एचटी (33 केवी या और अधिक) से एलटी (11 केवी या और अधिक) बनाता है अथवा इसके विपरीत भी कार्य करता है, जब वोल्टेज अधिक से कम होते हैं उसे स्टेप डाउन ट्रांसफार्मर, और जब वोल्टेज कम से अधिक होते हैं उसे स्टेप अप ट्रांसफार्मर कहते हैं । अन्य वर्गीकरण कोर के अनुसार (कोर टाइप और शेल टाइप), फेज के अनुसार (सिंगल फेज, थ्री फेज), वाईंडिंग के अनुसार (सिंगल वाईंडिंग, टू वाईंडिंग) भी होता है ।

पावर ट्रांसफार्मर के बाहरी मुख्य अवयव होते है – मैन टेंक, रेडिएटर्स, कंजरवेटर टैंक, सिलीकाजेल ब्रीडर, पोर्सलीन बुशिंग स्टड, बुकोल्ज़ रिले, नेम प्लेट, आयल एंड वाईंडिंग टेम्प्रेचर इंडीकेटर मीटर, टेप चेंजर आदि, तथा भीतरी अवयवों में मुख्य होते है – लेमीनेशन, एचटी, एलटी वाईंडिंग कोइल, ट्रांसफार्मर आयल (तेल) टेप चेंजर मेकेनिज़म आदि ।

उपरोक्त के अतिरिक्त भी अन्य ट्रांसफार्मर होते हैं - जैसे - बेल्डिंग ट्रांसफार्मर, सीटी (करेंट ट्रांसफार्मर), पीटी (पोटेन्शियल ट्रांसफार्मर), सीटी पीटी यूनिट (एमई – मीटरिंग/ मेजरींग यूनिट) होते हैं । सीटी का अनुपात (रेशो - प्राइमरी/सेकेन्डरी) प्राय: 100-50/5, 200-100/5, 300–150/5, 400–200/5, 500–250/5,- - - आदि तथा ईएचटी (अति उच्च दाब उपकेन्द्रों) 100–50/1, 200–100/1, 300–150/1, 400–200/1, 500-250/ 1 - - आदि रहता है । पीटी का अनुपात (रेशो - प्राइमरी/सेकेन्डरी) 11केवी/110 वोल्ट, 33केवी/110 वोल्ट - --- आदि रहता है ।

ट्रांसफार्मर की क्षमता केवीए (किलो वोल्ट एम्पीयर) या एमवीए (मेगा वोल्ट एम्पीयर) में नापते/कहते/बोलते हैं ।

ट्रान्सफार्मर की आवश्यकता/जरूरत क्यों ? -

- विद्युत का उत्पादन प्राय: 11 केवी पर होता है । विद्युत संयंत्र भार (लोड) केन्द्रों से दूर होते हैं, उत्पादित विद्युत को ट्रांसमिट/पारेषण किए जाने की जरूरत होती है । लंबी दूरी तक उत्पादन की वोल्टता पर विद्युत के पारेषण में अनेक क्षतियां होती हैं जैसे कि –

- निम्न वोल्टेज पर विद्युत पारेषण के चलने पर इसी विद्युत के संचारण की तुलना में उच्च धारा/करेंट का आहरण होगा ।

- इसके फलस्वरूप उच्च क्षतियां होंगी क्योंकि हानियां करेंट (आई) के वर्ग के अनुपात में

होगी ।

- बड़े व्यास (मोटे) एवं बड़े भार के कंडक्टरों की जरूरत होगी जिससे टावर के भार में वृद्धि होगी तथा लाइन लागत बढ़ेगी ।

उच्च करेंट को नजर में रखते हुए ज्यादा वोल्टेज की गिरावट होगी ।

ट्रान्सफार्मर की उपयोगिता क्यों ?

- अतः उत्पादन की वोल्टेज को बढ़ा कर भार विद्युत केन्द्रों की विद्युत ट्रांसमिट (पारेषण) की जाती है । विद्युत का उपयोग सीधे ही भार (लोड) केन्द्रों पर नहीं किया जा सकता क्योंकि यह उच्च वोल्टता पर होती है । अधिकांशतः उपभोक्ता सेवाएं निम्न एलटी स्तर अर्थात 415 या 400 वोल्ट (फेज टू फेज) अथवा 240 या 230 वोल्ट (फेज टू न्यूट्रल) पर होती है । इसलिए जब यह उपभोक्ता तक पहुंचाई जाती है तो विभिन्न चरणों में वोल्टेज को घटाने की जरूरत होती है ।
- संचारित विद्युत को उसी तरह से बनाए रखने के लिए वोल्टेज को बढ़ाने व घटाने का कार्य (थोड़ी बहुत हानि के अलावा) ट्रांसफार्मर से किया जाता है ।

ट्रान्सफार्मर के विशिष्ट लाभ -

- यह बिना आंतरिक घूमने वाला पुर्जों के लिए एक स्थैतिक (स्थिर) उपकरण है इसलिए इसमें ऑपरेशन एंड मेंटीनेंस (संचालन और संधारण) लागत कम होगी । कोई टूट – फूट नहीं होती ।
- स्थैतिक किस्म के कारण उच्च वोल्टता विद्युत रोधन की सुविधा होती है तथा वोल्टेज को बढ़ाना और घटाना सुलभ होता है ।
- स्थिर वाईंडिंग के कारण उच्च वोल्टेज इंसुलेशन मुहैया करवाया जा सकता है ।
- इनमें कम रख – रखाव की आवश्यकता होती है । अतः मितव्ययी (कम खर्चीला) होते हैं ।
- इसकी उपयोग (प्राचलन) क्षमता काफी ऊंची है (90 % वितरण तथा 99 % तक ईएचवी ट्रांसफार्मरों के लिए)
- उपयोग की विभिन्न वोल्टेज पर सप्लाई को उपलब्ध कराने के अलावा इसे नेटवर्क के मीटरिंग तथा तंत्र की सुरक्षा प्रणालियों में भी प्रयोग किया जाता है । इसका प्रयोग एक विद्युत ट्रांसफार्मर के न्यूट्रल के भू – सम्पर्कन (अर्थिंग) के लिए किया जाता है ।
- वितरण तथा उप संचारण में ट्रांसफार्मर अत्यधिक महत्वपूर्ण है तथा तुलनात्मक रूप में महंगा उपकरण है । यह अत्यधिक कार्य उपयोगी यंत्र है
- उपरोक्त सभी बिन्दुओं से यह स्पष्ट है कि ट्रांसफार्मर विद्युत व्यवस्था का आवश्यक अंग है जिसे समुचित तरीके से संचालन और संधारण करना अति आवश्यक है । इस

दृष्टि से सभी ट्रांसफार्मर स्थापना , संचालन और संधारण के नियमों पर चर्चा की गयी है जिससे नियमित विद्युत् व्यवस्था बनी रहे तथा कम से कम ट्रांसफार्मर फेल्योर हो ।

आमुख

शब्दावली - विद्युत

शब्दावली - विद्युत

1.   करेंट (इलेक्ट्रिक करेंट/विद्युत धारा)-

सभी पदार्थ एक या एक से अधिक तत्वों (एलिमेंट्स) से बने होते हैं जो एक प्रकार परमाणु (एटम) से बने होते है । अक्सर पदार्थों को प्रोटोन्स और इलेक्ट्रोन्स की संख्या से पहचाना जाता है जो किसी परमाणु के तत्व में होते हैं । जिस किसी परमाणु में इलेक्ट्रॉन और प्रोटोन की संख्या बराबर होती है वह विद्युत की दृष्टि से न्यूट्रल होता है । किसी परमाणु की बाहरी पट्टी (कक्षा/ओरबिट) में स्थित इलेक्ट्रोनों को बाहरी ताकत का इस्तेमाल करके आसानी से हटाया जा सकता है ।

किसी पदार्थ में फ्री इलेक्ट्रोन्स का प्रवाह एक एटम से अगले एटम तक उसी दिशा तक होता है और इसको करेंट कहते हैं । इसके लिए अंग्रेजी अक्षर आई (I) प्रतीक होता है । इसे एम्पीयर में नापते हैं । एक एम्पीयर करेंट का मतलब है कि एक कुलम्ब चार्ज किसी कंडक्टर के एक पॉइंट से प्रत्येक सेकेंड में पास (गुजरता) होता है । एक एम्पीयर को कुलम्ब प्रति सेकेंड भी कहते हैं । एक एम्पीयर करेंट का मतलब होता है कि किसी कंडक्टर के क्रॉस सेक्शन से 6.24x10की पावर18 इलेक्ट्रॉन मूव करते हैं ।

करेंट एम्पीयर में नापने वाले उपकरण को एम्पीयर मीटर कहते हैं ,यद्यपि टोंगटेस्टर से भी करेंट नापा जाता है । एम्पीयर मीटर से करेंट नापने के लिए एम्पीयर मीटर को परिपथ (सर्किट) के श्रेणी क्रम (सीरीज) में लगाते हैं । टोंगटेस्टर से करेंट नापते समय टोंगटेस्टर के क्लैम्प (जौ)को खोलकर उस कंडक्टर/केबिल को क्लैम्प के अंदर कर लेते हैं और कलैंप बंद रखते हैं यह सीटी के सिद्धांत पर कार्य कर करेंट नापता है । उच्च वोल्टेज की लाइनों का करेंट सीटी (करेंट ट्रांसफार्मर) की मदद से नापते हैं इन्हें श्रेणी (सीरीज) क्रम में लगाते हैं । सीटी के 33 केवी वोल्टेज तक अनुपात (रेशों) 500 – 400 - 300 - 200 - 100/5 एम्पीयर, तथा 33 केवी से अधिक वोल्टेज पर अनुपात (रेशों) 500 – 400 - 300 - 200 - 100/1 एम्पीयर रहते हैं ।

2 - वोल्टेज –

जितनी ताकत बिजली के प्रवाह को किसी कंडक्टर से होकर मूव (चलायमान) करने में जरूरी होती है उसको पोटेन्शियल डिफरेंस वोल्टेज या इलेक्ट्रोमोटिव फोर्स (ईएमएफ) कहा जाता है । वोल्टेज की माप की यूनिट है वोल्ट जिसे अक्सर अंग्रेजी अक्षर वी (V) से लिखते हैं । वोल्टेज को कई प्रकार से पैदा कर सकते हैं । किसी बैटरी में इलेक्ट्रो - कैमिकल प्रोसेस इस्तेमाल किया जाता है लेकिन किसी तार के अल्टनेटर अथवा बिजलीघर के जेनरेटर में मैग्नेटिक इंडकशन प्रोसेस का प्रयोग किया जाता है । सभी वोल्टेज स्रोत में इलेक्ट्रॉन

एक सिरे से और दूसरे सिरे अधिक और दूसरे सिरे पर कम होते हैं । दो टर्मिनलों के बीच परिणामस्वरूप डिफरेंस ऑफ पोटेंशियल आता है । वोल्टेज सोर्स के डायरेक्ट करंट (डीसी) में टर्मिनलों की पोलरिटी चेंज नहीं होती । परिणाम ये होता है किकरेंट एक ही दिशा में निरंतर बहता रहता है ।

वोल्ट नापने वाले उपकरण को वोल्टमीटर कहतें है । वोल्टेज हमेशा दो लाइनों (फेज टू न्यूट्रल, या फेज टू फेज) के बीच नापा जाता हैं, इसलिए वोल्टमीटर को समानान्तर (पैरेलल) क्रम में लगाते हैं । उच्च दाब लाइनों के वोल्टेज नापने के लिए पीटी (पोटेन्शियल ट्रांसफार्मर) के द्वारा नापते हैं, पीटी के अनुपात (रेशों) 11केवी/110 वोल्ट, 33केवी/110 वोल्ट रहते हैं और इन्हें समानान्तर (पेरलल) क्रम में ही लगाते हैं ।

3 - प्रतिरोध (रजिसटेन्स) – यह सभी पदार्थों में होता है और विद्युत प्रवाह (इलेक्ट्रिसिटी फलो) का विरोधी होता है । कुछ पदार्थों में अन्य के मुक़ाबले ज्यादा रजिसटेन्स होता है । चांदी, तांबा, एल्यूमिनियम और लोहे जैसी कुछ धातुओं में कम रजिसटेन्स होता है और इनको बिजली का अच्छा सुचालक (अच्छा कंडक्टर) कहा जाता है । प्लास्टिक, कांच, अभ्रक, रबड़ और लकड़ी में रजिसटेन्स ज्यादा होता हैं और इन्हे विद्युत का कुचालक (बेड कंडक्टर) माना जाता है । इसलिए इनको इंसुलेटर (बचाव करने वाले) के तौर पर इस्तेमाल किया जाता है । किसी पदार्थ में कितना रसिसटेन्स होगा यह उसके गठन, लंबाई, क्रॉस सेक्शन और रेज़िस्टिव मैटेरियलके तापमान (टेम्परेचर) पर निर्भर करेगा । एक नियम के रूप में किसी कंडक्टर का रजिसटेन्स तब बढ़ जाता है जब उसकी लंबाई बढ़ती है अथवा क्रॉस सेक्शन घट जाता है । रेजिस्टेंस के लिए प्रतीक के रूप में आर (R) लिखा जाता है । रेसिस्टेंस के नापने की यूनिट (इकाई) को ओहम कहते हैं और इसे नापने वाले उपकरण को ओहममीटर कहा जाता है ।

4 - विद्युत परिपथ (इलेक्ट्रिक सर्किट) -

एक साधारण विद्युत परिपथ(सिम्पल इलेक्ट्रिक सर्किट) में वोल्टेज सोर्स , कुछ तरह का लोड और कंडक्टर होते हैं, जिनसे होकर इलेक्ट्रॉन वोल्टेज सोर्स और लोड की तरह फलो करते हैं ।

5 – ओहम का नियम –

ओहम का नियम ये दर्शाता है कि करंट वोल्टेज के बढ़ने से बढ़ता है और घटने से घटता है । और रेजिस्टेंस का उल्टा होता है । करंट (आई - I) को एम्पीयर्स में मापा जाता है । वोल्टेज को वी (V) या ई (E) वोल्ट में और रेसिस्टेंस (आर - R) को ओहम में मापा जाता है ।

ओहम के नियम के अनुसार इसे प्रकट करने लिए तीन तरीके हैं –

1 - वोल्ट (वी या ई) = करंट (आई) रसिस्टेंस (आर), $V = I \times R$, $E = I \times R$

2 – करंट (आई) = वोल्ट (वी) / रेसिस्टेंस (आर), $I = V/R$, $I = E/R$

3 – रेजिस्टेंस (आर) = वोल्ट (वी) / करंट (आई) , $R = V/I$, $R = E/I$

6 - पावर (शक्ति) -

जब भी किसी फोर्स के कारण मोशन (गति) पैदा होता है काम पूरा होता है । अगर बिना मोशन के फोर्स लगाया जाता है तो कोई काम नहीं होता है । किसी इलेक्ट्रिक सर्किट में जब भी किसी कंडक्टर पर वोल्टेज अप्लाई किया जाता है तो उसके कारण इलेक्ट्रोन्स प्रवाहित होने लगते हैं । वोल्टेज फोर्स है और इलेक्ट्रॉन का प्रवाह मोशन है । पावर वो रेट है जिससे काम हो जाता है और इसके लिए प्रतीक पी (P) लिखा जाता है । पावर की माप वाट है और इसके लिए प्रतीक के रूप में डब्ल्यू (W) लिखा जाता है । किसी डायरेक्ट करंट (डीसी -DC) सर्किट में एक वाट वो दर है जिससे काम तब हो जाता है जब एक वोल्ट के कारण एक एम्पीयर करंट का प्रवाह होता है ।

पावर का सूत्र (फार्मूला) है – पावर (पी) = वोल्टेज (वी) x केरंट (आई), P= VxI

जबकि आल्टरनेटिंग करंट (एसी -AC) और वोल्टेज निरंतर भिन्न होते हैं । इनको साइन वेव से प्रस्तुत करते हैं इसकी दो डायरेक्शन पोजिटिव और नेगेटिव होती हैं । एक साइन वेव 360 डिग्री में चक्राकार प्रवाहित होती है, इसे एक साइकिल/चक्र कहा जाता है । आल्टरनेट करंट इन्हीं अनेक साइकिलों/चक्रों से हर सेकेंड गुजरता है ।

तब पावर का सूत्र (फोरमूला) निम्नानुसार होता है –

पावर (पी) = वोल्टेज (वी) x केरंट (आई) x कोस फ़ाई, P = V x I x COS Faee

यहाँ यह स्पष्ट करना आवश्यक है कि कोस फ़ाई का मान एक या एक से कम होता है । डी सी सर्किट में कोस फ़ाई का मान 1 होता है क्योंकि वोल्टेज और करंट एक ही दिशा में होते हैं अर्थात 0 डिग्री ।

रियल पावर की बेसिक यूनिट होती है वाट (डब्ल्यू- W), इंटरनेशनल सिस्टम ऑफ यूनिटस (एस आई) में इसका इस्तेमाल होता है । परिभाषा के रूप में एक वाट बराबर होता है प्रति सेकेंड एक जूल ऑफ एनर्जी । बिजली की शब्दावली में इसे उस पावर के रूप में दिखाया जाता है जो एक वाट की दर से तब खपत की जाती है जब एक वॉल्ट के पोटेंशियल डिफरेंस से एक एम्पीयर प्रवाहित होता है । यानि एक वाट = एक वॉल्ट x एक एमपीयर (W = Vx I)

पावर को मापने की कई विभिन्न यूनिट (इकाई) हैं । इलेक्ट्रिक मोटर की पावर अश्व - शक्ति (हॉर्स पावर = एचपी - HP) और किलोवाट (केडब्ल्यू - KW) में मापते हैं । जबकि ट्रांसफार्मर को केवीए (KVA) और एमवीए (MVA) में मापते हैं । एक अश्व शक्ति (हॉर्स पावर = HP = एचपी), 746 वाट(डब्ल्यू - W) या 0.746 किलोवाट (केडब्ल्यू - KW) के बराबर होता है ।

पीएफ (पावर फेक्टर) = शक्ति गुणांक = PF = COS Faee = (KW)/(KVA) = किलोवाट/केवीए = (Active Power)/(Apparent Power) = एक्टिव पावर/एप्परेंट पावर = वास्तविक शक्ति/आभासी शक्ति

पावर फेक्टर का मान 1 से कम तथा 0 से अधिक रहता है, कहने का आशय है कि पावर फेक्टर 0 और 1 के बीच होता है ।

लैगिंग पावर फेक्टर - जब करेंट (धारा) वोल्टता से पीछे (Current Lags Voltage) होता है इसे लैगिंग पवार फेक्टर कहते हैं ।

लीडिंग पावर फेक्टर – जब करेंट (धारा) वोल्टता से आगे होता है (Current Leeds Voltage) तो इसे लीडिंग पावर फेक्टर कहते हैं ।

उद्योगों में इंडक्शन मोटर एवं अन्य प्रेरकत्व – युक्त भारों (लोडों) के कारण पीएफ (पावर फेक्टर) प्रायः पिछड़ा हुआ (Lagging – लैगिंग) ही रहता है ।

एक्टिव पावर (Active Power) को ही True, Real, Useful, वास्तविक, सक्रिय पावर कहते हैं, यह वह पावर है जो इंडक्शन मोटर द्वारा उपयोग की जाती है । इसको किलोवाट (KW) में लिखते हैं । एसी करेंट और वोल्टेज जब पावर फेक्टर के साथ गुणा करते हैं तब उसे वाट कहते हैं । 1000 वाट को ही 1 किलोवाट (KW) कहते हैं ।

एप्परेंट पावर (Apparent Power) को ही आभासी, प्रत्यक्ष शक्ति कहते हैं । यह केवी और करेंट (एम्पीयर) के गुणनफल के बराबर केवीए (KVA) होती है ।

रिएक्टिव पावर (Reactive Power) को प्रतिक्रिया, प्रतिघाती शक्ति कहते हैं । यह केवीएआर (KVAR) में मापी जाती है ।

कुछ सामान्य उपकरण जिनके पीएफ (पावर फेक्टर) सामन्यतः इस प्रकार रहते हैं –

इनकेंडेसेंट लेम्प्स – 1.0, फ़्लोरोसेंट लेम्प्स – 0.6 से 0.8, इंडक्शन मोटर – 0.8, निओन साइन – 0.4 से 0.5, आर्क लेम्प (सिनेमा) 0.3 से 0.7, आर्क फरनेस – 0.85, आर्क वैल्डिंग – 0.3 से 0.4, रजिसटेन्स वैल्डिंग – 0.65, इंडक्शन फरनेस – 0.6, इंडक्शन हीटिंग – 0.85 आदि ।

उदाहरण – विद्युत से हटकर जब हम एक दूध दुकानदार के पास जाकर उससे कहते हैं कि एक गिलास दूध तैयार करो । तब दुकानदार अपनी कढ़ाई से दूध निकालकर दो चार बार उलट – पुलटकर दूध तैयार कर दूध देता है । तब हम देखते हैं कि दूध के गिलास में कुछ झाग हैं, शेष में दूध है । झाग रिएक्टिव (KVAR) पावर हैं, पूरा एक गिलास दूध आभासी (एप्परेंट- KVA) पावर है, वास्तविक दूध (झाग रहित) एक्टिव (KW) पावर है । पीएफ (पावर फेक्टर) एक्टिव पावर (KW)/एप्परेंट पावर (KVA) कहलाता है ।

7 - ऊर्जा : - (यूनिट -किलोवाट आवर - केडब्ल्यूएच – KWH)

ऊर्जा की एस आई यूनिट होती है जूल (जे - J)। जूल का इस्तेमाल मुख्य रूप से विज्ञान में होता है । ये ऊर्जा की वह मात्रा है जो एक न्यूटन (एक एन – 1N) ऊर्जा के स्रोत की तरफ किसी वस्तु को एक मीटर खिसकाने में लगती है । जूल अपेक्षाकृत एक छोटी यूनिट होती है लेकिन बिजली की खपत के मामले में आमतौर पर इस्तेमाल की जाने वाली यूनिट जो खासतौर से यूटिलिटी (बिजली) के बिलों में दिखाई जाती है वो है किलोवाट आवर (केडब्ल्यूएच KWH) । जो उस बिजली का माप है जो विनिर्दिष्ट समय के अंतर्गत, जैसे

एक महीने तक बिजली के प्रवाह को दर्शाती है । एक किलोवाटआवर ऊर्जा की वह मात्रा है जो एक घंटे तक एक किलोवाट की दर से प्रवाहित होती है । उदाहरण के लिए एक 100 वाट का बल्व 10 घंटे में 1000 वाट आवर (एक किलोवाट आवर = 1 यूनिट) एनर्जी खपत करता है । एक किलोवाट का मतलब 3,600,000 जे (जूल) एनर्जी ।

8 - इंडक्टेंसः - (प्रतिबाधा)

इस पॉइंट पर जिन सर्किटों का अध्ययन किया गया वे रेजिस्टिव हैं । रेजिस्टेंस और वोल्टेज सिर्फ सर्किट की प्रॉपर्टीज़ (गुण) ही नहीं बल्कि इफेक्टिव करेंट फ्लो भी हैं लेकिन इंडक्टेंस किसी इलेक्ट्रिक सर्किट की प्रॉपर्टी होती है जो इलेक्ट्रिक करेंट में किसी चेंज का विरोध करती है । रेजिस्टेंस करेंट फ्लो का विरोध करता है जबकि इंडक्टेंस करेंट फ्लो में चेंज का विरोधी होता है । इंडक्टेंस को अंग्रेजी के एल(L) अक्षर के रूप में दर्शाया जाता है । इंडक्टेंस का यूनिट हेनरी (H) होता है लेकिन हेनरी सापेक्ष रूप में एक बड़ी यूनिट है जबकि इंडक्टेंस मिलीहेनरी अथवा माइक्रोहेनरी के रूप में दर्शाया जाता है ।

किसी कंडक्टर में करेंट मैग्नेटिक फील्ड पैदा करता है । करेंट की मात्रा मैग्नेटिक फील्ड की स्ट्रेंथ तय करती है । जैसे - जैसे करेंट फ्लो बढ़ता है फील्ड स्ट्रेंथ भी बढ़ती है । इसी तरह से जैसे - जैसे करेंट फ्लो घटता है, फील्ड स्ट्रेंथ भी घटती है । किसी करेंट में अगर कोई चेंज आता है तो कंडक्टर के आस - पास के मैग्नेटिक फील्ड में भी करेंट में उतना ही परिवर्तन आ जाता है । किसी रेगुलेटिड डीसी सोर्स के लिए करेंट कॉन्स्टेंट (स्थिर) होता है । लेकिन अपवाद स्वरूप जब सर्किट ऑन या ऑफ कर दिया जाता है तो अथवा जब लोड में चेंज आ जाता है तो ऐसा नहीं होता । लेकिन अल्टरनेट करेंट निरंतर बदलता रहता है और इंडक्टेंस लगातार चेंज का विरोधी होता है । किसी कंडक्टर के आस -पास के मैग्नेटिक फील्ड में होने वाला परिवर्तन कंडक्टर के वोल्टेज में भी परिवर्तन लाता है । सेल्फ इन्ड्युस्ड वोल्टेज करेंट में चेंज को अपोज (विरोध) करता है । इसको काउंटर ई एम एफ (EMF) कहते हैं । सभी कंडक्टरों में और बिजली के यंत्रों में पर्याप्त मात्रा में इंडक्टेंस होता है लेकिन इंडक्टर्स क्वाइल या तारों के रूप में स्पेसिफिक इंडक्शन के लिए बंधे होते हैं । कुछ एप्लिकेशन के लिए इंडक्टर्स किसी मेटल कोर के चारों ओर बांधे जाते हैं जिससे इंडक्टेंस और कोन्सेंट्रेट हो जाता है । किसी क्वाइल का इंडक्टेंस क्वाइल में मौजूद घेरों (नंबर ऑफ टर्न्स) के जरिये तय होता है । क्वाइल डाइमीटर तथा लंबाई और कोर मेटेरियल भी इसके अवयव होते हैं । इंडक्टर संकेत रूप में किसी इलेक्ट्रिकल ड्राइंग में घुमावदार लाइन के रूप में दिखाया जाता है ।

9 - कैपेसिटेन्स और कैपेसिटर्स – (संधारित्र)

कैपेसिटेन्स वह माप होती है जो किसी सर्किट में इलेक्ट्रिकल चार्ज स्टोर करने की क्षमता दिखाती है । कोई ऐसा उपकरण जिसे विनिर्दिष्ट मात्रा में कैपेसिटेन्स स्टोर करने के लिए बनाया जाता है, उसे कैपेसिटर कहते हैं । कैपेसिटर को हिन्दी में संधारित्र कहते हैं । कोई कैपेसिटर कंडक्टिव प्लेट की एक जोड़ी से बना होता है और इसके बीच में इंसुलेटिड

मेटेरियल की एक बारीक पर्त डाली जाती है । इसी इंसुलेटिड मेटेरियल का दूसरा नाम डाईलेक्ट्रिक मेटेरियल है । कैपेसिटर को आमतौर पर और इलेक्ट्रिकल ड्राइंग में सीधी लाइन और घुमावदार लाइन के कंबीनेशन से अथवा दो सीधी लाइनों के रूप में दिखाया जाता है ।

जब किसी कैपेसिटर की प्लेट पर वोल्टेज एप्लाई किया जाता है, एक प्लेट पर इलेक्ट्रोन्स डाले जाते हैं और दूसरी प्लेट से निकाले जाते हैं । इससे कैपेसिटर चार्ज हो जाता है । डायरेक्ट करंट किसी डाईइलेक्ट्रिक मेटेरियल के आर - पार प्रवाहित नही हो सकता है क्योंकि उसमें इंसुलेटर होता है लेकिन जब भी कैपेसिटर चार्ज हो जाता है डाई इलेक्ट्रिक के जरिये इलेक्ट्रिक फील्ड पैदा हो जाता है । कैपेसिटर की रेटिंग उस चार्ज की मात्रा से की जाती है जितना चार्ज वह होल्ड कर सकते हैं ।

किसी कैपेसिटर की कैपेसिटेन्स प्लेट के एरिया और दोनों प्लेटों के बीच दूरी तथा डायलेक्ट्रिक मेटेरियल के रूप में इस्तेमाल किए गए पदार्थ के प्रकार पर निर्भर करता है । कैपेसेटेन्स का प्रतीक चिहन अंग्रेजी का अक्षर सी (C) है ,और इसे फेराड एफ (F) के रूप में मापा जाता है । लेकिन फेराड एक बड़ी यूनिट होती है और अक्सर कैपेसिटर्स की रेटिंग माइक्रोफेराड अथवा पीकोफेराड के रूप में की जाती है ।

10 - लाइन – लाइनों को विभिन्न प्रकार से वर्गीकृत किया जाता है, जिनमें मुख्य हैं – कंडक्टर लाइन व केबिल लाइन, जमीन के ऊपर लाइन (ओवर हेड लाइन), भूमिगत (अंडरग्राउंड) लाइन, निम्न दाब (एलटी - लो टेंशन) लाइन, उच्च दाब (एचटी – हाई टेंशन) लाइन तथा अतिउच्चदाब (ईएचटी – एक्स्ट्रा हाई टेंशन) लाइन, निम्नदाब लाइन को पुन: सिंगल फेज व थ्री फेज लाइनों में वर्गीकृत किया जाता है । सिंगल फेज लाइन को - सिंगल फेज टू वायर (फेज व न्यूट्रल) लाइन, सिंगल फेज थ्री वायर (फेज, न्यूट्रल और स्ट्रीट लाइट फेज) लाइन में वर्गीकृत किया गया है, उसी प्रकार से थ्री फेज लाइन को - थ्री फेज फोर वायर (तीन फेज व न्यूट्रल) लाइन, थ्री फेज फाइव वायर (तीन फेज, एक न्यूट्रल और एक स्ट्रीट लाइट फेज) लाइन में वर्गीकृत किया गया है । केबिल को भी सिंगल कोर केबिल, टू कोर, थ्री कोर केबिल, थ्री एंड हाफ कोर केबिल, फोर कोर केबिल, आर्मर्ड केबिल, अनार्मर्ड केबिल, गैस फिल्ड, आयल फिल्ड, एक्सएलपी, एबी (एयर बन्च) केबिल, एलटी केबिल और एचटी केबिल आदि । आइल फिल्ड, गैस फिल्ड केबिल ईएचवी (अति उच्चदाब) नेटवर्क के लिए होती हैं । कंट्रोल केबिल उप - केन्द्रों पर मीटरिंग, सिगनल, नियंत्रण (कंट्रोल) सर्किटों में प्रयोग होती है।

लाइन को पहचानने के लिए हमेशा उपरोक्त वर्गीकरण के अलावा यह भी बोला जाता है कि लाइन का वोल्टेज क्या है, या लाइन किस वोल्ट की है, जैसे 220 - 230 वोल्ट (फेज टू न्यूट्रल) 400/440 वोल्ट (फेज टू फेज) लाइन एलटी लाइन कहलाती हैं । एचटी लाइन -11 केवी, 33 केवी और 66 केवी लाइन कहलाती हैं । तथा ईएचटी लाइन – 132 के वी, 220 केवी, 400 केवी, 765 केवी और इससे अधिक वोल्ट की लाइन कहलाती हैं । वोल्ट और केवी (किलोवोल्ट) में 1000 (एक हजार) वोल्ट को ही एक केवी कहते हैं । लाइन में वोल्ट के साथ

करेंट बहता (चलता) है उसे एम्पीयर में नापते हैं । जब भी लाइन की चर्चा होगी तब लाइन का वोल्टेज और उसमे कितना लोड (भार - करेंट) चल रहा (प्रवाहित) है, बोला जाता है ।

जब लाइन पर केवल एक ही वोल्टेज की सप्लाई दी जाती है तब उसे सिंगल सर्किट लाइन बोलते हैं तथा जब उसी लाइन पर दो सर्किट हों तब उसे डबल सर्किट लाइन कहते हैं ।

एक ही लाइन पर अलग – अलग वोल्टेज की सप्लाई होने पर यदि दो या उससे अधिक सर्किट हैं तब उसे डबल सर्किट लाइन न बोलते हुए मिश्रित (कम्पोजिट) लाइन कहते है । जब लाइन एक रेखीय (सीधी लाइन) हो तो उसे रेडियल लाइन/फीडर बोलते हैं । और उस मुख्य लाइन से कोई अन्य लाइन निकालते हैं तो उसे टेप/टेपिंग लाइन बोलते हैं । जब लाइन का कोई अंत न हो और पूरी लाइन आपस में जुड़ी हो उसे रिंग मेन लाइन बोलते हैं परन्तु ध्यान रहे कहीं भी एक स्थान पर लाइन के जमफर खुलें होने आवश्यक होते हैं अन्यथा की स्थिति लाइन ही नहीं चलेगी और फाल्टी हो जाएगी । अक्सर शहरों में रिंग मेन सर्किट होते हैं वहां विशेष सावधानी की जरूरत होती है । जहां जमफर खुले होते हैं वहां डबल सप्लाई की स्थिति होती हैं । अत: सावधानी पूर्वक कार्य करना आवश्यक होता है ।

11 - पोल - लाइन जिस सपोर्ट पर खींची जाती है उसे पोल कहते हैं । पोल विभिन्न प्रकार की लंबाई, आकार के अनुसार होते हैं, मुख्यत: पोल लकड़ी, सीमेंट (140 केजी/ 8मीटर वजन –360किग्रा, 280केजी/9.1 मीटर वजन 680 किग्रा और 350 केजी/9.1 मीटर वजन 750 केजी), लोहे (गर्डर - आरएस जोइस्ट/रिइंफोर्सड स्टील जोइस् - (127 वाय 75 एमएम, 175 वाय 85 एमएम), एच बीम - (152 वाय 152 एमएम), रेल - (45 केजी व 52.5 केजी प्रति मीटर), लेटिस टावर - (फेब्रीकेटिड पोल इसे गेंट्री के उपयोग में भी लाते हैं), एंगिल टावर (ईएचटी टावर लाइन), ट्यूबुलर तथा मोनो ब्लॉक) के होते हैं जिनका उपयोग आवश्यकतानुसार किया जाता है ।

12- कंडक्टर (तार) – जिसमें होकर विद्युत प्रवाहित होती हैं उसे कंडक्टर कहते हैं । कंडक्टर एसीएसआर (एल्यूमिनियम कंडक्टर स्टील रि-इंफोर्सड) और एएएसी (ऑल एलोय एल्युमीनियम कंडक्टर) होते हैं । एएएसी कंडक्टर चोरी या खराव होने के बाद बिकता नहीं हैं, थोड़ा हार्ड (कठोर) होता है एसीएसआर की तुलना में ।

13 - केबिल - केबिल का विभिन्न प्रकार से वर्गीकरण किया जाता है यथा -पावर, कंट्रोल केबिल, सिंगल कोर (सिंगल कोर अनसक्रीण्ड अनआर्मड, सिंगल कोर स्क्रींड अनआर्मड) व मल्टी कोर केबिल (थ्री कोर आर्मड, स्कींडया अनस्क्रींड), ओवरहेड, अंडर-ग्राउंड केबिल, तथा वोल्टेज के अनुसार एलटी, एचटी, ईएचटी केबिल आदि ।

केबिल संबंधी निर्माण में खास बाते ये होती हैं – कंडक्टर साइज, कंडक्टर स्क्रीन, इंश्यूलेशन, इंश्युलेशन स्क्रीन, मेटेलिक स्क्रीन, फिलर्स, बेलटिंग पेपर, मेटेलिक शीट, आर्मरिंग, आउटर सर्विसिंग/शीट आदि । केबिल की साइज इन बातों पर निर्भर करती है – करेंट ले जाने की क्षमता, शॉर्ट सर्किट करेंट, वोल्टेज ड्रॉप, बिजली की क्षतियाँ आदि ।

14 – मीटर– मीटर ऊर्जा माप का एक उपकरण है इसे एनर्जी मीटर भी कहते है । इनका वर्गीकरण - - सिंगल फेज, थ्री फेज मीटर (थ्री फेज थ्री वायर, थ्री फेज फोर वायर, थ्री फेज फोर वायर सीटी ऑपरेटिड एम - डी रिकॉर्डिंग के साथ), मेकेनीकल (मूविंग पार्ट -चकरी), इलेक्ट्रोनिक (स्टेटिक) मीटर, एलटी मीटर, एचटी मीटर (सीटी पीटी /एमई - मीटरिंग उपकरण के साथ) । एचटी इलेक्ट्रोनिक ट्राई वेक्टर मीटर में ये सभी वाचन की सुविधा होती है – एक्टिव एनर्जी - केडब्ल्यूएच, रिएक्टिव एनर्जी - केवीएआरएच, अपरेंट एनर्जी - केवीएएच, पीक मेक्सीमम डिमांड - केवीए, केडब्ल्यू (लेगिंग पावर फेक्टर के साथ), क्यूमूलेटिव डिमांड और पिछले महीने के लिए एम डी बिलिंग - केवीए, रीसेट काउंटर, पावर फेक्टर, फ्रीक्वेंसी, सप्लाई वोल्टेज में मिसिंग पीटी का होना, मीटरिंग का टाइम, मीटरिंग के टाइम में अंतराल, ऊर्जा - आयात/निर्यात (इम्पोर्ट/एक्सपोर्ट), टेम्पर की जानकारी, बीते समय के साथ मांग प्रस्तुत करना ।

आधुनिक मीटर - इनके अलावा एएमआर (ओटोमेटिक मीटर रीडिंगमीटर तथा स्मार्टमीटर (रेडियो फ्रीक्वैन्सी मीटर), नेट मीटरिंग, प्रीपेड मीटरिंग व्यवस्था भी आधुनिक है । एएमआर मीटर में प्रत्येक मीटर पर एएमआर के लिए सिम लगानी पड़ती है, जब कि स्मार्ट मीटर के लिए एक समूह (100 से 200 उपभोक्ता) या क्षेत्र (50 से 100 मीटर) के लिए केवल एक मॉडम लगाया जाता है जो रेडियो फ्रीक्वैनसी के द्वारा सभी मीटरों की रीडिंग कर लेता है । प्रीपेड मीटर एडवांस्ड भुगतान के हिसाब से उपयोग किया जाता है इसमें बिलों का भुगतान न करने पर कनेकशन काटने की कार्यवाही नहीं करनी पड़ती है ।

15 - ट्रांसफार्मर (परिणामित्र) – ट्रांसफार्मर वह उपकरण है जो एक वोल्टेज को दूसरे वोल्टेज में बदलता है । यहा भी करेंट होता है, परंतु विशेष बात यह है कि एक ही कोर पर पहले एलटी वाईंडिंग तथा उसके ऊपर एचटी वाईंडिंग होती है किन्तु एचटी से एलटी वाईंडिंग का कोई किसी प्रकार का कनेक्शन नहीं होता है, यहाँ चुम्बकत्व (मेगनेटिज्म), इंडकशन (प्रेरणा/प्रभाव) के कारण एक वाईंडिंग से दूसरी वाईंडिंग में करेंट प्रवाहित होता है । यदि ट्रांसफारमर एक वाईंडिंग में करेंट है तो दूसरी वाईंडिंग में भी करेंट प्रवाहित होगा । जबकि एलटी लाइन का किसी स्थान पर जाइंट/जमफर खुलने/जलने से उस लाइन में आगे करेंट नही होगा, परंतु अन्य 11 केवी या उससे अधिक वोल्ट की लाइन कि किसी स्थान पर जाइंट/जमफर खुलने/जलने से उस स्थान पर दोनों तरफ से करेंट होगा, यह करेंट ट्रांसफार्मर के डेल्टा कनेक्शन होने के कारण वापस करेंट पहुचेगा वहाँ तक जहां पर जाइंट/जमफर खुला/जला है । ऐसे में बहुत सावधानी बरतने की आवश्यकता है ।

विद्युत – ट्रान्सफार्मर क्षमता केवीए/एमवीए में क्यों ?

- प्रत्येक ट्रान्सफार्मर में कोर लॉस और कॉपर लॉस होते हैं ।
- कोर लॉस इनपुट वोल्टेज पर निर्भर करते हैं ।
- कॉपर लॉस करेंट के वाईंडिंग में प्रवाह पर निर्भर करते हैं ।

- इस प्रकार कुल लॉस वोल्टेज और करेंट पर निर्भर करते हैं, परन्तु पावर फैक्टर पर नहीं ।

- इसलिए ट्रान्सफार्मर क्षमता केवीए/एमवीए में होती है किलोवाट/मेगावाट में नहीं होती है ।

ट्रांसफार्मर को दो श्रेणी में वर्गीकृत किया जाता है – एक वितरण ट्रांसफार्मर, दूसरा पावर ट्रांसफार्मर । वितरण ट्रांसफार्मर 11 केवी (एचटी) से 440 वोल्ट (एलटी - फेज टू फेज) और 220/230 फेज टू न्यूट्रल बनाता है, जबकि पावर ट्रांसफार्मर एचटी (33 केवी या और अधिक) से एलटी (11 केवी या और अधिक) बनाता है अथवा इसके विपरीत भी कार्य करता है, जब वोल्टेज अधिक से कम होते हैं उसे स्टेप डाउन ट्रांसफार्मर, और जब वोल्टेज कम से अधिक होते हैं उसे स्टेप अप ट्रांसफार्मर कहते हैं । अन्य वर्गीकरण कोर के अनुसार (कोर टाइप और शेल टाइप), फेज के अनुसार (सिंगल फेज, थ्री फेज), वाईंडिंग के अनुसार (सिंगल वाईंडिंग, टू वाईंडिंग) भी होता है ।

पावर ट्रांसफार्मर के बाहरी मुख्य अवयव होते है – मैन टैंक, रेडिएटर्स, कंजरवेटर टैंक, सिलीकाजेल ब्रीदर, पोर्सलीन बुशिंग स्टड, बुकोल्ज़ रिले, नेम प्लेट, आयल एंड वाईंडिंग टेम्प्रेचर इंडीकेटर मीटर, टेप चेंजर आदि, तथा भीतरी अवयवों में मुख्य होते है – लेमीनेशन, एचटी, एलटी वाईंडिंग कोइल, ट्रांसफार्मर आयल (तेल) टेप चेंजर मेकेनिज़म आदि ।

उपरोक्त के अतिरिक्त भी अन्य ट्रांसफार्मर होते हैं - जैसे - बेल्डिंग ट्रांसफार्मर, सीटी (करेंट ट्रांसफार्मर), पीटी (पोटेन्शियल ट्रांसफार्मर), सीटी पीटी यूनिट (एमई – मीटरिंग/ मेजरिंग यूनिट) होते हैं । सीटी का अनुपात (रेशो - प्राइमरी/सेकेन्डरी) प्राय: 100-50/5, 200-100/5, 300–150/5, 400–200/5, 500–250/5,- - - आदि तथा ईएचटी (अति उच्च दाब उपकेन्द्रों) 100–50/1, 200–100/1, 300–150/1, 400–200/1, 500-250/ 1 - - आदि रहता है । पीटी का अनुपात (रेशो - प्राइमरी/सेकेन्डरी) 11केवी/110 वोल्ट, 33केवी/110 वोल्ट - --- आदि रहता है ।

ट्रांसफार्मर की क्षमता केवीए (किलो वोल्ट एम्पीयर) या एमवीए (मेगा वोल्ट एम्पीयर) में नापते/कहते/बोलते हैं ।

16 - उपकेंद्र/सब - स्टेशन/पावर हाउस – यह स्थान वह स्थान कहलाता है जहां पर सप्लाई का वोल्टेज बदला जाता है पावर ट्रांसफार्मर के द्वारा तथा 33 केवी फीडरों का आना/जाना (इंकमिंग/आउट गोइंग) के साथ 11 केवी फीडरों का निकलना/जाना (आउट गोइंग) और इन सब का नियंत्रण/कंट्रोल का कार्य । अक्सर 33 केवी से 11 केवी में वोल्टेज बदलने से इसे 33/11 केवी विद्युत उप - केंद्र/सब - स्टेशन/पावर हाउस कहते हैं । सब स्टेशन को दो हिस्सों में बांटा जाता है –

आउट डोर एरिया –

यह एरिया यार्ड फेंसिंग या चार दीवारी के अंदर का एरिया होता है जहां खंभे/पोल, बसबार, पावर ट्रांसफार्मर, वीसीबी (ब्रेकर), आइसोलेटर, एबी स्विच, लाइटिनिंग अरेस्टर (33 केवी व 11 केवी) सब - स्टेशन यार्ड स्टेशन ट्रांसफार्मर (11/0.4 के वी), अर्थिङ्ग सिस्टम, कंट्रोल केबिल, यार्ड लाइटिंग आदि होते हैं ।

इंडोर उपकरण (कंट्रोल रूम - नियंत्रण कक्ष) - कंट्रोल रूम के अंदर कन्ट्रोल पैनल (33 केवी, 11 केवी ट्रांसफार्मर/फीडर पैनल रिले सहित), बैटरी एवं चार्जर (30 वोल्ट डीसी), एसी डिस्ट्रीब्यूशन बोर्ड, डीसी डिस्ट्रीब्यूशन बोर्ड, कंट्रोल केबिल, टी एंड पी व सुरक्षा उपकरण, ओथराइजेशन चार्ट, फ़र्स्ट ऐड बॉक्स तथा उपकेंद्र से संबन्धित रिकॉर्ड (अभिलेख) आदि ।

17 – वीसीबी– इसका पूरा नाम वेक्यूम सर्किट ब्रेकर है इसमें लाइन का सर्किट वैक्यूम (हवा रहित) चेम्बर में काटा जाता है । वीसीबी का उपयोग फीडर सप्लाई को चालू/बंद करने के लिए उपयोग होता है ।

18 – कंट्रोल पैनल – वीसीबी को संचालित करने के लिए कंट्रोल पैनल लगाए जाते हैं जिसमें से दो ओवर करेंट की रिले, एवं एक अर्थ फाल्ट की रिले लगी होती है । साथ ही उसमें वोल्टेज एवं करेंट नापने हेतु वोल्ट मीटर एवं एम्पीयर मीटर लगे होते हैं । बिजली की खपत नापने के लिए के डब्ल्यू एच मीटर लगा होता हैं ।

19 – रिले – एक विशेष प्रकार का उपकरण होता है जो कि वीसीबी में लगा होता है । लाइनों में जब निर्धारित मात्रा से ज्यादा करेंट बहने लगता है या कंडक्टर टूटता या लाइन के तार आपस में टकराने पर सीटी के द्वारा असामान्य करेंट रिले को मिलता है, तब रिले के कॉंटेक्ट आपस में मिल जाते हैं एवं बैटरी की डीसी सप्लाई ही वीसीबी की ट्रिप क्वाइल को चार्ज कर देती है, तब उसमें लगी घुंडी मेकेनिज़म बॉक्स में लगे लीवर को धक्का मार देती है, जिसके फलस्वरूप वीसीबी ट्रिप हो जाती है । वीसीबी में लगने वाली रिले दो प्रकार की होती हैं – 1- ओवर करेंट और 2- अर्थ फाल्ट

ओवर करेंट रिले – जब लाइन में निर्धारित मात्रा से अधिक करेंट बहता है, अर्थात लोड अधिक हो जाता है या फेज आपस में टकरा जाएं,तब ओवर करेंट रिले स्वत: (ओटोमेटिक) उपरोक्त अनुसार कार्य करती है । यह वीसीबी में आर एवं बी फेज पर स्थापित होती है । इसमें लाइन में बहने वाले करेंट की मात्रा निर्धारित करने की व्यवस्था होती है ।

अर्थ फाल्ट रिले – जब लाइन के फेज किसी तरह से अर्थ हो जाएं जोकि कंडक्टर के टूटने या इंसुलेटर के फूटने इत्यादि से होते हैं , पर अर्थ फाल्ट रिले स्वत: (ओटोमेटिक) संचालित होकर लाइन की वीसीबी को ट्रिप कर देती है ।

विशेष– जब कभी लाइन का जमफर जल/टूट जाय तब लाइन में अर्थ फाल्ट अथवा ओवर करेंट का कारण नहीं बनता उस समय कोई ट्रिपिंग नहीं होगी, और न ही पैनल पर कोई इंडीकेशन आयेगा । ऐसी स्थिति में केवल इ्यूटी ऑपरेटर तीनों फेजों पर लोड और वोल्टेज नापने/देखने से पता चलता है अथवा क्षेत्र (फील्ड) से कम वोल्टेज मिलने की शिकायत पर पता चलेगा ।

20 - आइसोलेटर/एबी स्विच – ये उपकरण अधिकतर बंद लाइन को खोलने या चालू करने के लिए उपयोग होते हैं, एबी स्विच को एयर ब्रेकर स्विच कहते है क्योंकि यह खुली हवा में खोलना/लगाना होता है । इसमें एक मेल तथा दूसरा फ़ीमेल पार्ट होते हैं, एबी स्विच खुले होने की स्थिति में मेल फेमेल पार्ट एक दूसरे से अलग होते हैं या इसी को एबी स्विच का खुला होना कहते हैं । जब मेल और फ़ीमेल पार्ट्स एक दूसरे के संपर्क में होते हैं उस स्थिति को एबी स्विच का चालू रहना या लगा होना कहते हैं । आइसोलेटर एबी स्विच इस प्रकार भिन्न होता है कि वह दो तरफ से खुलता और लगता है कहने का आशय यह है कि इसमें दो मेल और दो फ़ीमेल पार्ट्स होते हैं अर्थात यह दो स्थान पर खुलता है और दो ही स्थान पर लगता है ।

11 केवी एबी स्विच

11केवी आइसोलेटर

21 - सीटी – करेंट ट्रांसफार्मर –

सीटी को करेंट ट्रांसफार्मर कहते हैं यह ज्यादा करेंट को कम करेंट में करने के काम आता है । दोनों वोल्टेज प्राइमरी (33 केवी, 11 केवी) तरफ की करेंट को सेकेन्डरी तरफ 5 एम्पीयर करेंट में बदलकर कंट्रोल पैनल के प्रोटेक्शन सिस्टम (सुरक्षा व्यवस्था) में अर्थ फाल्ट रिले, ओवर करेंट रिले, डिफरेंशियल रिले, बुकोल्ज़ रिले तथा मीटर रीडिंग में मीटरिंग एम्पीयर के लिए उपयोग किया जाता है । एलटी सीटी में भी सेकेन्डरी तरफ 5 एम्पीयर रहता है ।

नोट – चालू हालत (सर्किट) में सीटी की सेकेन्डरी बाइंडिंग (साइड) को कभी भी ओपन (खुला) नहीं छोड़ना चाहिए इससे प्राण घातक शॉक लगने या सीटी जल जाने का खतरा रहता है अत: सीटी के सेकेन्डरी साइड को शॉर्ट करके रखना चाहिए ।

सीटी की क्षमता विद्युत लाइन/उपकरण में बहने वाले करेंट पर आधारित रहती हैं तथा प्राइमरी रेंज एक अथवा दो होती हैं । एक रेंज की सीटी जैसे – 50/5, 75/5, 100/5, 150/5, 200/5, 300/5, 400/5, 500/5, 600/5, 800/5 आदि

दो रेंज (डबल रेंज) की सीटी जैसे – 50 - 25/5, 100 - 50/5, 150 -75/5, 200 - 100/5, 300 - 150/5, 400 - 200/5, 600 - 300/5, 800 - 400/5 आदि

करेंट ट्रांसफार्मर की सेकेंडरी वाइंडिंग को खुला क्यों नहीं छोड़ना चाहिए ?

जैसा कि हम जानते हैं कि करंट ट्रांसफॉर्मर्स (CTs) का उपयोग हमेशा अमीटर (Ammeter), रिलेज (Relays) या वाट मीटर कॉइल्स (Wattmeters Coils) से जुड़े सेकेंडरी वाइंडिंग के साथ किया जाता है । ऐसे में कभी भी करंट ट्रांसफार्मर के सेकेंडरी वाइंडिंग को ओपन नहीं छोड़ना चाहिए, विशेषकर तब, जबकि प्राइमरी वाइंडिंग एनरजाइज (उर्जीकृत) हो ।

यदि गलती से भी सीटी (CT) की सेकेंडरी वाइंडिंग को ओपन किया गया तो यह सीटी (CT) की सेकेंडरी को ओपन करने वाले व्यक्ति और स्वयं सीटी (CT) को भी गम्भीर नुकसान पंहुचा सकता है । आइए जानते हैं कि ऐसा क्यों हो सकता है?

इसे समझने के लिए, पहले हमें एक पावर ट्रांसफार्मर और एक सीटी (CT) के बीच बुनियादी अंतर को जानना होगा । पावर ट्रांसफॉर्मर और सीटी (CT) के बीच मूल अंतर यह है कि, पावर ट्रांसफॉर्मर में प्राइमरी करंट सेकंडरी करंट का प्रतिफल है, इस प्रकार → $N1 \times I1 = N2 \times I2$, (N = वाइंडिंग में टर्न की संख्या, I = करंट , 1 प्राइमरी, 2 सेकंडरी)

जबकि सीटी (CT) में प्राइमरी करंट लोड करंट या लाइन करंट पर निर्भर होता है क्योंकि सीटी (CT) लाइन के साथ सीरीज में जुड़ा होता है । इसलिए सीटी का प्राइमरी करंट (यदि लाइन करंट स्थिर है तो) लगातार स्थिर बना रहता है, यह इस बात पर निर्भर नहीं करता कि सेकंडरी के साथ लोड कनेक्ट किया गया है या नहीं । क्योंकि लोड तो प्राइमरी में ही रहता है और सेकंडरी तो उसके नापने के लिए होती है ।

सीटी (CT) के सामान्य संचालन के दौरान, प्राइमरी और सेकंडरी वाइंडिंग दोनों ही मैग्नेटोमोटिव फ़ोर्स (mmf) उत्पन्न करती है, जो कि लेन्ज के नियम के अनुसार एक दूसरे का विरोध करते हैं । अब चूंकि सेकंडरी मैग्नेटोमोटिव फ़ोर्स (mmf) प्राइमरी मैग्नेटोमोटिव फ़ोर्स (mmf) से थोड़ा कम है, इसीलिए शुद्ध मैग्नेटोमोटिव फ़ोर्स (mmf) बहुत कम होता है । यह शुद्ध मैग्नेटोमोटिव फ़ोर्स (mmf) ही सीटी (CT) के कोर का कार्यशील/ मैग्नेटाइजिंग मैग्नेटोमोटिव फ़ोर्स (mmf) है ।

अब, यदि सेकंडरी वाइंडिंग को ओपन रखा जाता है तो सेकंडरी करंट शून्य होगा, जबकि सीटी (CT) का प्राइमरी करंट लाइन करंट के समान ही रहेगा । और अब सेकंडरी का विपरीत मैग्नेटोमोटिव फ़ोर्स (mmf) भी मौजूद नहीं होगा । इसलिए ऐसे में शुद्ध मैग्नेटोमोटिव फ़ोर्स (mmf) केवल प्राइमरी करंट के कारण होता है जो बहुत ज्यादा है । यह बड़ा मैग्नेटोमोटिव फ़ोर्स (mmf) कोर में बड़े फ्लक्स का उत्पादन करेगा और कोर को संतृप्त (सेचुराइज्ड) कर देगा । और कोर में इस बड़े करंट के कारण सेकंडरी वाइंडिंग का फ्लक्स लिंकेज भी ज्यादा होगा जो बदले में सीटी (CT) के सेकंडरी टर्मिनलों में एक बड़ी वोल्टेज इंड्यूस करेगा ।

सेकंडरी वाइंडिंग के टर्मिनलों में यह बड़ी हुई वोल्टेज बहुत खतरनाक होगी जिसकी वजह से इसका इन्सुलेशन ठीक से काम नहीं कर पायेगा, और ऐसे में यदि कोई व्यक्ति सीटी (CT) की प्राइमरी एनरजाइज अवस्था में, मेंटेनेस या अन्य किसी काम के लिए सीटी (CT) की सेकंडरी खोलता या सम्पर्क में आता है, तो वह निश्चित ही इस खतरनाक रूप से बड़ी हुई वोल्टेज के सम्पर्क में आकर बिजली का झटका लगने की वजह से जान से हाथ धो बैठेगा ।

इसके अलावा, अत्यधिक कोर फ्लक्स के कारण, हिस्टैरिसिस और एडी करंट लॉस बहुत अधिक हो जाएंगे, जिसकी वजह से सीटी (CT) बहुत अधिक गरम हो जाएगी । चूँकि सीटी (CT) तेल से भरी होती है, अधिक गरम होने के कारण, सीटी (CT) का तेल उबलकर वाष्पित होना शुरू हो जाएगा ।

सीटी (CT) के तेल के वाष्पीकरण के कारण, इसकी हाउसिंग में अत्यधिक दवाब की वजह से ब्लास्ट हो जाएगा । इस ब्लास्टिंग से आग और धुआं निकलेगा ।

इतना ही नहीं, इस आग एवं धुंए के कारण नजदीकी पॉवर लाइनें अर्थ फ़ॉल्ट के कारण ट्रिप हो कर पॉवर जनरेटिंग स्टेशन को भी ट्रिप कर सकती हैं । तो, देखा आपने, कि कैसे एक छोटी सी गलती खतरनाक परिणामों के एक सिलसिले का कारण बन जाएगी ।

अतः एक पॉवर ट्रांसफार्मर की सेकेंडरी को कभी भी शॉर्ट नहीं करना चाहिए जबकि सीटी (CT) की सेकेंडरी वाइंडिंग पर काम करते समय उसे शॉर्ट कर देना चाहिए ।

22 - पीटी (PT) – पोटेन्सियल ट्रांसफार्मर –

पीटी को पोटेन्शियल ट्रांसफार्मर कहते हैं, यह ज्यादा वोल्टेज को कम वोल्टेज में नापने में काम आता है । इसे सब - स्टेशन याार्ड में दोनों तरफ (33 केवी एवं 11 केवी तरफ) बसबार के समीप लगाया जाता है जो वोल्टेज नापने के काम आता है । प्राइमरी (33 केवी/11 केवी) वोल्टेज का सेकेन्डरी तरफ 110 वोल्ट में बदलकर मीटरिंग में केडब्ल्यूएच मीटर तथा वाट मीटर में उपयोग होता है ।

23 - सीटी पीटी यूनिट – एमई (ME) - (मीटरिंग - उपकरण)

सीटी पीटी यूनिट को करंट ट्रांसफार्मर पोटेन्शियल ट्रांसफार्मर संयुक्त यूनिट कहते हैं । यह उपकरण ऊर्जा खपत हेतु लगे मीटरों में करंट को 5 एम्पीयर और वोल्टेज को 110 वोल्ट के अनुपात में देकर मीटरिंग कार्य में मदद करते हैं, इसलिए इसे एमई (मीटरिंग एक्यूपमेंट – मीटरिंग उपकरण) भी कहते हैं ।

1

विद्युत ट्रांसफार्मर

विद्युत ट्रांसफार्मर

- ट्रान्सफार्मर क्या है ? – ट्रान्सफार्मर एक विद्युत उपकरण/मशीन है, जिसमें कोई चलने या घूमने वाला अवयव नहीं होता । ट्रान्सफार्मर केवल प्रत्यावर्ती धारा (AC - एसी – अल्टरनेटिंग करेंट) के साथ कार्य करता है, एकादिश धारा (DC - डीसी – डायरेक्ट करेंट) के साथ नहीं । ट्रान्सफार्मर एक ऐसा स्थिर विद्युत यंत्र हैं जो ऊर्जा की हानि किए बिना ही एसी वोल्टेज को कम या ज्यादा कर सकता है । वोल्टेज के घटने – बढ़ने से ट्रांसफार्मर की क्षमता नहीं घटती – बढ़ती ।

- माइकल फैराडे ट्रांसफार्मर के जनक हैं तथा उनका मेग्नेटिक इंडक्सन (चुम्बकीय प्रेरण) का नियम ट्रांसफार्मर की खोज का कारण बना । नियम कहता है 'ईएमएफ एक बंद संवहन सर्किट में इंड्यूस्ड होता है जब चुम्बकीय प्रवाह उस सर्किट के साथ जुड़ता है, समय के साथ परिवर्तन होता है तथा ईएमएफ चुम्बकीय प्रवाह की परिवर्तन दर के अनुपात में होता है' ।

- ट्रांसफार्मर की क्षमता का केवीए/एमवीए में मापन, जबकि प्रतिरोध/रजिसटेन्स का ओहम तथा इंडक्टेंस का हेनरी में मापन होता है ।

ट्रान्सफार्मर के कार्य करने का सिध्दांत –

- ट्रान्सफार्मर के तीन मुख्य पार्ट होते हैं जिसमें मेटेलिक कोर (धातु कोर), वाईंडिंग और विद्युत रोधक (ट्रांसफार्मर तेल व कोइल इंसुलेशन) होता है । वाईंडिंग जो कि बहुत अच्छे सुचालक धातु जैसे कॉपर/एल्यूमिनियम की बनी होती है । ट्रान्सफार्मर में जब प्राथमिक/पहली/प्राइमरी कुंडली में एसी करेंट प्रवाहित किया जाता है तो मेटेलिक कोर में चुम्बकीय क्षेत्र पैदा हो जाता है जिसका मान बदलता रहता है । दूसरी/सेकेन्डरी कुंडली

इसी कोर से लिपटी होती है, इससे दूसरी कुंडली से गुजर रहे चुम्बकीय फ्लक्स में भी परिवर्तन होता रहता है जिससे विद्युत चुम्बकीय प्रेरण के सिध्दांत से चुम्बकीय फ्लक्स में परिवर्तन के कारण दूसरी कुंडली में धारा/करेंट बहने लगती है ।

- यहां यह स्पष्ट करना बहुत आवश्यक है कि प्राइमरी से सेकेन्डरी वाईंडिंग में कोई कनेक्शन नहीं होता हैं, केवल विद्युत चुम्बकीय प्रेरण का सिध्दांत कार्य करता है ।

- दूसरी कुंडली में पैदा हुई धारा/करेंट की मात्रा फ्लक्स के समानुपाती होता है,

- पैदा हुई धारा/करेंट की दिशा सीधे हाथ के ग्रिप (मुठ्ठी) नियम से मालूम कर सकते हैं ।

- दूसरी कुंडली में पैदा हुई धारा/करेंट की आवर्ती/फ्रीकयूएनसी पहली कुंडली में प्रवाहित की जा रही धारा/करेंट के समान होती है ।

- इस क्रिया/रिएक्शन से इलेक्ट्रोमेगनेटिक इंडक्सन से दूसरी कोइल में उसी आवर्ती का एसी वोल्टेज उत्पन्न हो जाता है जितनी आवर्ती का हमने पहली वाईंडिंग में लगाया था ।

- ट्रांसफार्मर की क्षमता (पावर) केवीए और एमवीए में होती है । अतः एक निश्चित क्षमता होती है, परन्तु प्राइमरी और सेकेन्डरी के वोल्टेज बदलने से करेंट भी बदलता है परन्तु क्षमता नहीं बदलती, वह एक समान रहती है ।

- साधारण भाषा में यदि 33 केवी में 1 एम्पीयर करेंट प्रवाहित होता है तब क्षमता 33 x 1 = 33 केवीए हुई, परन्तु 11 केवी में करेंट 3 एम्पीयर होगा इस प्रकार क्षमता 11 x 3 = 33 केवीए हुई । यदि प्राइमरी को (1) और सेकेन्डरी (2) संकेत माने तब क्षमता (पावर) सूत्र = वी (1) x आई (1) = वी (2) x आई (2) और तब वी (1)/वी (2) = आई (2)/आई (1) अतः 33 केवी/11 केवी = 3, एम्पीयर (11 केवी)/1 एम्पीयर (33 केवी) = 3/1 = 3.

- वोल्टेज में परिवर्तन को प्राइमरी (1) और सेकेन्डरी (2) कुंडलियों में चक्रों (टर्न्स) की संख्या में भिन्नता द्वारा प्राप्त किया जाता है । इण्ड्युस्ड ईएमएफ प्रति चक्र वही वोल्टता होती है जो प्राइमरी कुंडली (जब सेकेन्डरी कुंडली बिना विद्युत भार के हो) की होती है ।

- अगर एन (1) और एन (2) प्राइमरी और सेकेन्डरी कुंडली में चक्रों (टर्न्स) की संख्या है तब जब सेकेन्डरी को किसी विद्युत भार (लोड) के साथ संयोजित (जोड़ा) नहीं किया जाता है उस समय - एन (1)/ एन (2) = वी (1)/वी (2) जब समरूपी करेंट आई (1) तथा आई (2) हैं, क्योंकि अन्तरित प्रत्यक्ष विद्युत वही है अर्थात केवीए/एमवीए क्षमता समान है ।

- जनसाधारण की भाषा में समझने के लिए उदाहरण – किसी के पास रुपये 500 हैं, तब उस व्यक्ति के पास नोटों का प्रकार और नोटों की संख्या पर निर्भर करता है, परन्तु हर स्थिति में रुपये का मूल्य/कीमत 500 ही रहेगा । रुपये 500 का नोट तब नोट संख्या 1

होगी, रुपये 100 का नोट तब नोट संख्या 5 होगी, और रुपये 50 का नोट तब नोट संख्या 10 होगी ।

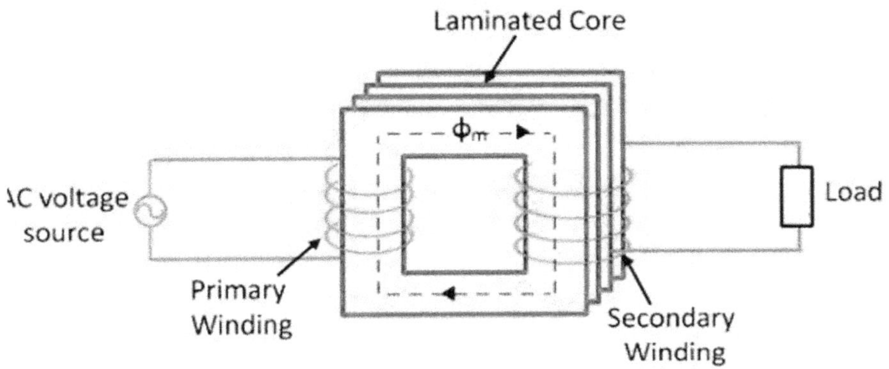

ट्रान्सफार्मर के कार्य करने का सिध्दांत

2

ट्रान्सफार्मर की आवश्यकता, उपयोगिता, विशिष्ट लाभ

ट्रान्सफार्मर की आवश्यकता, उपयोगिता, विशिष्ट लाभ

ट्रान्सफार्मर की आवश्यकता/जरूरत क्यों ? -

- विद्युत का उत्पादन प्राय: 11 केवी पर होता है । विद्युत संयंत्र भार (लोड) केन्द्रों से दूर होते हैं, उत्पादित विद्युत को ट्रांसमिट/पारेषण किए जाने की जरूरत होती है । लंबी दूरी तक उत्पादन की वोल्टता पर विद्युत के पारेषण में अनेक क्षतियां होती हैं जैसे कि –
- निम्न वोल्टेज पर विद्युत पारेषण के चलने पर इसी विद्युत के संचारण की तुलना में उच्च धारा/करेंट का आहरण होगा ।
- इसके फलस्वरूप उच्च क्षतियां होंगी क्योंकि हानियां करेंट (आई) के वर्ग के अनुपात में होंगी ।
- बड़े व्यास (मोटे) एवं बड़े भार के कंडक्टरों की जरूरत होगी जिससे टावर के भार में वृद्धि होगी तथा लाइन लागत बढ़ेगी ।

उच्च करेंट को नजर में रखते हुए ज्यादा वोल्टेज की गिरावट होगी ।

ट्रान्सफार्मर की उपयोगिता क्यों ?

- अत: उत्पादन की वोल्टेज को बढ़ा कर भार विद्युत केन्द्रों की विद्युत ट्रांसमिट (पारेषण) की जाती है । विद्युत का उपयोग सीधे ही भार (लोड) केन्द्रों पर नहीं किया जा सकता क्योंकि यह उच्च वोल्टता पर होती है । अधिकांशत: उपभोक्ता सेवाएं निम्न

एलटी स्तर अर्थात 415 या 400 वोल्ट (फेज टू फेज) अथवा 240 या 230 वोल्ट (फेज टू न्यूट्रल) पर होती है । इसलिए जब यह उपभोक्ता तक पहुंचाई जाती है तो विभिन्न चरणों में वोल्टेज को घटाने की जरूरत होती है ।

- संचारित विद्युत को उसी तरह से बनाए रखने के लिए वोल्टेज को बढ़ाने व घटाने का कार्य (थोड़ी बहुत हानि के अलावा) ट्रांसफार्मर से किया जाता है ।

ट्रान्सफार्मर के विशिष्ट लाभ -

- यह बिना आंतरिक घूमने वाला पुर्जों के लिए एक स्थैतिक (स्थिर) उपकरण है इसलिए इसमें ऑपरेशन एंड मेंटीनेंस (संचालन और संधारण) लागत कम होगी । कोई टूट – फूट नहीं होती ।
- स्थैतिक किस्म के कारण उच्च वोल्टता विद्युत रोधन की सुविधा होती है तथा वोल्टेज को बढ़ाना और घटाना सुलभ होता है ।
- स्थिर वाईंडिंग के कारण उच्च वोल्टेज इंसुलेशन मुहैया करवाया जा सकता है ।
- इनमें कम रख – रखाव की आवश्यकता होती है । अत: मितव्ययी (कम खर्चीला) होते हैं ।
- इसकी उपयोग (प्राचलन) क्षमता काफी ऊंची है (90 % वितरण तथा 99 % तक ईएचवी ट्रांसफार्मरों के लिए)
- उपयोग की विभिन्न वोल्टेज पर सप्लाई को उपलब्ध कराने के अलावा इसे नेटवर्क के मीटरिंग तथा तंत्र की सुरक्षा प्रणालियों में भी प्रयोग किया जाता है । इसका प्रयोग एक विद्युत ट्रांसफार्मर के न्यूट्रल के भू – सम्पर्कन (अर्थिंग) के लिए किया जाता है ।
- वितरण तथा उप संचारण में ट्रांसफार्मर अत्यधिक महत्वपूर्ण है तथा तुलनात्मक रूप में महंगा उपकरण है । यह अत्यधिक कार्य उपयोगी यंत्र है ।

3

ट्रान्सफार्मर के प्रकार (टाइप)

ट्रान्सफार्मर के प्रकार (टाइप)

क्रमांक - विवरण - प्रकार

1- कोर के अनुसार - कोर टाइप, शैल टाइप

2 - फेज के अनुसार - सिंगल फेज, थ्री फेज

3 - बाइंडिंग के अनुसार- सिंगल बाइंडिंग, टू बाइंडिंग, थ्री बाइंडिंग

4 - वोल्टेज के अनुसार - स्टेपअप/उच्चायी, स्टेप डाउन/अपचायी

5 -प्रयोग/इस्तेमाल के अनुसार- पावर ट्रांसफार्मर, वितरण/डिस्ट्रीब्यूशन ट्रांसफार्मर

6 - मापन उपयोग के अनुसार - सीटी (करेंट ट्रांसफार्मर) व पीटी (पोटेन्शियल ट्रांसफार्मर), सीटी पीटी यूनिट (एमई – मीटरिंग एक्यूपमेंट)

7 - विद्युत रोधक के अनुसार – सुखी किस्म (ड्राई टाइप), तेल में डूबी (ऑइल फिल्ड) तथा गैस से भरा (गैस फिल्ड)

मुख्य वर्गीकरण उपयोग पर आधारित है –

- पावर ट्रांसफार्मर - पीटीआर – पावर का अंतरण/सप्लाई
- वितरण ट्रांसफार्मर – डीटीआर - विद्युत का अंतरण/सप्लाई
- यंत्रीय ट्रांसफार्मर - इंस्ट्रूमेंट ट्रांसफार्मर – मापन एवं सुरक्षा (सीटी – करेंट ट्रांसफार्मर, पीटी – पोटेन्शियल ट्रांसफार्मर एवं सीटी पीटी/एमई – मीटरिंग उपकरण)
- भू – सम्पर्कन (अर्थिंग) ट्रांसफार्मर – भू – सम्पर्कन (अर्थिंग)
- रेक्टीफायर ट्रांसफार्मर – प्रक्रिया के अनुकूल नियंत्रित सप्लाई मुहैया कराने के लिए
- बेल्डिंग ट्रांसफार्मर – बेल्डिंग कार्य

निर्माण द्वारा विद्युत - वितरण ट्रांसफार्मर का और वर्गीकरण -

- कोर के अनुसार – कोर टाइप और शैल टाइप
- फेज के अनुसार – सिंगल फेज और थ्री फेज
- वाईंडिंग की संख्या के अनुसार – सिंगल वाईंडिंग, दो वाईंडिंग, तीन वाईंडिंग
- वोल्टेज अनुपात के अनुसार – स्टेपअप (उच्चायी) और स्टेप डाउन (अपचायी)
- विद्युत रोधक के अनुसार – सुखी किस्म (ड्राई टाइप), तेल में डूबी (ऑइल फिल्ड) तथा गैस से भरा (गैस फिल्ड)

4

ट्रान्सफार्मर के मुख्य अवयव (मेंन पॉर्ट)

ट्रान्सफार्मर के मुख्य अवयव (मेंन पार्ट)

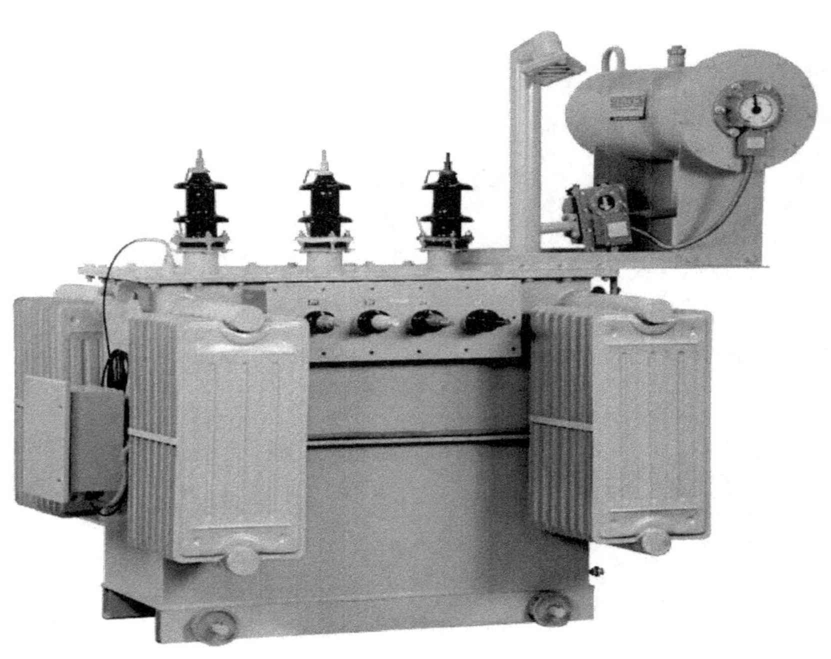

विद्युत वितरण ट्रांसफार्मर

बाहरी अवयव (पार्ट) -
मेन टैंक
रेडिएटर
कंजरवेटर
एक्सप्लोजन वेंट
लिफ्टिंग लग्स/हुक्स
एयर रिलीज प्लग
ऑइल लेवल इंडीकेटर
टेप चेंजर
ह्वील्स
एचटी/एलटी बुशिंग्स
फिल्टर वाल्व्स
ऑइल फिलिंग प्लग्स
दरें प्लग्स
केबिल बॉक्स
भीतरी (अन्दर) के अवयव (पार्ट) –

- ट्रांसफार्मर ऑइल (तेल)
- ट्रांसफार्मर कोइल (बाइंडिंग) एचटी और एलटी
- ट्रांसफार्मर कोर (लेमीनेशन)
- टेप चेंजर मेकेनिज़म
- एचटी और एलटी बुशिंग्स कनेक्शन

एक ट्रांसफार्मर में मूलतः ये समाविष्ट/शामिल हैं –

- चुम्बकीय सर्किट बनाने वाला एक चुम्बकीय कोर -
- विद्युत सर्किट बनाने वाली वाईंडिंग
- विद्युत रोधक/रजिसटेन्स जिसमे ट्रांसफार्मर तेल तथा ठोस विद्युत रोधी सामग्री जैसे कि कागज, प्रेस बोर्ड, लकड़ी आदि शामिल हैं ।
- ट्रांसफार्मर टैंक – इसे इस्पात की चादरों को आपस में बेल्डिंग करके बनाया जाता है । मुख्य टैंक में कोर, वाईंडिंग तथा ट्रानफ़ार्मर तेल को रखा जाता है ।

5

ट्रांसफार्मर तेल/ऑइल

ट्रांसफार्मर तेल/ऑइल

- ट्रांसफार्मर तेल हाइड्रोकार्बन आधारित खनिज तेल होता है । यह अशुद्धताओं और नमी से मुक्त होता है । इसकी भौतिक, रसायानिक, तथा इलेक्ट्रिकल विशेषताओं और साथ ही उनके मान को आईएस 335 : 1989 के अनुसार निर्धारित किया गया है ।
- ट्रांसफार्मर तेल/ऑइल को देखना – तेल स्तर/ऑइल लेवल की जांच । तेल/ऑइल का तापमान/टेम्परेचर । तेल की बीडीवी (ब्रेक डाउन वोल्टेज) - डाई – इलेक्ट्रिक स्ट्रेंथ/ परा वैद्युत - शक्ति न्यूनतम 1 मिनट हेतु 50 केवी होनी चाहिए । एसिडिटी (0.5 से 1 एमजी केओएच के मध्य), तेल की बीडीवी, रंग, गंध संकेतात्मक, कचरे धूल गंदगी, नमी को फिल्ट्रेशन द्वारा हटाया जाना ।
- ट्रांसफार्मर तेल के संदूषण हेतु कारण – ट्रांसफार्मर की ओवर लोडिंग, नमी को सोखना, गैसें, कचरा और एसिड आदि ।

ट्रांसफार्मर ऑइल/तेल – देखकर निरीक्षण अभिमतों की तुलना -
क्रमांक - रंग (कलर) - - तेल की गुणवत्ता (क्वालिटी)
1 - पीला/पारदर्शी/चमकदार - - बहुत अच्छा
2 - पीला/भद्दा - - अच्छा
3 - भूरा - - अच्छा नहीं
4 - काला/भूरा - - मिलावटी
5 - काला - - अनुपयोगी/फैंकने लायक

6

ट्रान्सफार्मर कोर

ट्रान्सफार्मर कोर

- ट्रान्सफार्मर कोर – ट्रान्सफार्मर में कोर बीच में होती है । यह लेमीनेटिड स्टील की बनी होती है । जो पतली पट्टी की तरह की होती है । इन सभी पट्टियों के बीच में कम से कम एयर गेप होता है । ये भंवर धाराओं/एडी करेंट को कम करती हैं । कोर के चारों ओर वाईंडिंग लिपटी होती है ।

- चुम्बकीय कोर स्पेशल इलेक्ट्रीकल शीट स्टील (सीआरजीओ) के महीन लेमीनेशन से निर्मित एक बंद चुम्बकीय सर्किट है, मुख्य चुम्बकीय प्रवाह इस कोर से गुजरता है । ट्रांसफार्मर कोर का कार्य चुम्बकीय सर्किट के लिए एक उच्च चुम्बकशील मार्ग उपलब्ध करवाना होता है तथा ट्रांसफार्मर वाईंडिंग को सहारा देना होता है । कोर लेमीनेशन को बहुत महीन (0.27 मिमी) रखा जाता है । लेमीनेशन को तनाव मुक्त करने के लिए भट्टियों में 730 डिग्री सेन्टीग्रेड तक के तापमान पर तापानुशीतित किया जाता है । लेमीनेशन को एयर ब्लास्ट कूलिंग सेक्शन जहां पर तापमान लगभग 500 डिग्री से 50 डिग्री सेंटीग्रेड तक घटाकर गुजारा जाता है तथा उनपर विद्युत रोधक/वार्निश (कोरलाइट कोटिंग) से ढक जाता है ताकि एडी करेंट कम हो तथा तत्पश्चात एडी करेंट

- खत्म हो जाता है । खड़े अंगों को अवयव (लिम्ब) तथा आड़े को योक्स कहा जाता है ।

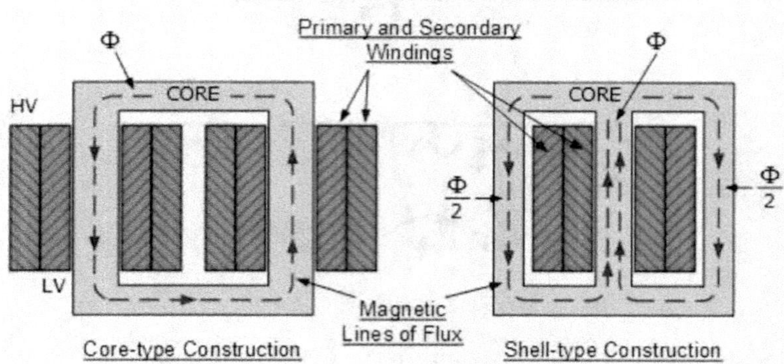

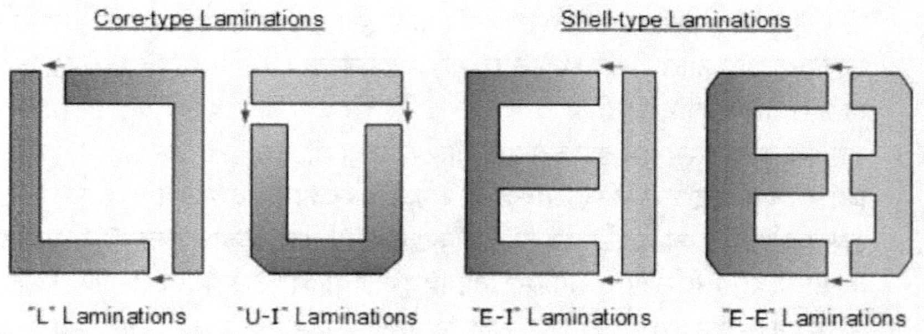

कोर

चुम्बकीय कोर

- सिलिकान घटकों के साथ सीआरजीओ स्टील का लगभग 3 % एक ट्रांसफार्मर के चुम्बकीय सर्किट कोर के लिए प्रयुक्त होता है । एक अच्छे कोर स्टील शीट के गुण निमन्वत हैं –
- एक प्रत्यावर्ती क्षेत्र में एक उच्च इंडक्सन विस्तीर्णता प्राप्त करने के लिए अधिकतम चुम्बकीय इंडक्सन
- न्यूनतम विशिष्ट कोर हानि तथा तथा निम्न उत्तेजन करेंट
- निम्न शोर स्तर के लिए निम्न चुम्बकीय शोर

- अच्छे यांत्रिक प्रक्रमण गुणतत्व, अधिकतम चुम्बकीय गुण तत्व रोलिंग की दिशा में ही प्राप्त किए जाते हैं । कोर क्षतियां अन्य दिशाओं में पर्याप्त रूप से बढ़ जाती हैं ।
- एक ट्रांसफार्मर की रेटिंग, उसकी परफ़ोर्मेंस, तकनीकी विवरण, प्रचालन परिस्थितियों तथा परिवहन सीमा पर निर्भर करते हुए कोर का डिजाइन तथा टाइप/किस्म बनाई जाती है । सामान्यत: एक सिंगल कोर फ्रेम में तीन फेज समाविष्ट कर लिए जाते हैं । अगर तीन फेज रेटिंग अधिक है तथा उनका परिवहन मुश्किल है तब 3 सिंगल फेज ट्रांसफार्मर यूनिटों को एक 3 फेज ट्रांसफार्मर बैंक जिसका प्रचालन स्वीचिंग प्रचालन के माध्यम से होता है, के लिए जाते हैं ।
- कोर का आकार – एक कोर सेक्शन का आदर्श आकार गोलाकार होता है क्योंकि इससे कम से कम स्थान व्यर्थ जाता है । एक पूर्ण गोलाकार कोर में विभिन्न आयामों के प्रत्येक लेमीनेशन का निर्माण समाविष्ट है जो गैर – किफ़ायती है । स्टेप्ड कोर का निर्माण भिन्न चौड़ाई के लेमीनेशन तथा पैकेट ऊंचाई द्वारा होता है तथा लगभग एक गोलाकार बनाने के लिए संयोजित किया जाता है, जहां पर कोर का क्रास सेक्शन बड़ा होता है, कोर के प्रशीतन (ठंडा करने) के लिए तेल वाहिनिया दी जाती हैं ताकि हॉट स्पाट तापमान वृद्धि को सीमित किया जा सके ।

कोर हानि

कोर हानि को मोटे तौर पर निम्नवत बांटा जा सकता है -

- ग्रेन ओरिएंटेशन की दिशा के साथ – साथ चुंबकीय प्रवाह के कारण हानि
- अवयवों को योक के साथ जोड़ने पर होने वाली ग्रेन दिशा में चुम्बकीय प्रवाह
- अधिकतर प्रयुक्त कॉर्नर जोइंट्स हैं – अत: पत्रित तथा कलमी (माइट्रेड) जोड़
- अत: पत्रित जोड़ सारे एवं सस्ते होते हैं । इस मामले में चुम्बकीय प्रवाह पत्र/ग्रेन की दिशा में लंबकीय रूप में लेमीनेशन में प्रवेश करता है । इस दिशा में कोर हानि अधिक होती है । इस किस्म के जोड़ छोटी रेटिंग के ट्रांसफार्मरों में प्रयुक्त होते हैं जहां पर कुल कोर हानि बहुत अधिक होती है ।
- कलमी जोड़ जब लेमीनेशनों को 45 डिग्री पर जोड़ा जाता है – इस किस्म के जोड़ में क्रॉस हानियां न्यूनतम होती हैं क्योंकि जोड़ में प्रवेश करते या निकलते हुए चुम्बकीय प्रवाह को एक समतल मार्ग मिलता है । यह मंहगा है क्योंकि कॉर्नर एजिज़ बनाने के लिए मेहनत करनी पड़ती है । कोर के लेमीनेशनों को विशेष प्लेट फार्मो पर क्षैतिज स्थिति में जोड़ा जाता है ।

पतली/थिन कोर हिस्टरेसिस और एड्डी करेंट हानि/लॉस कम करती हैं ।

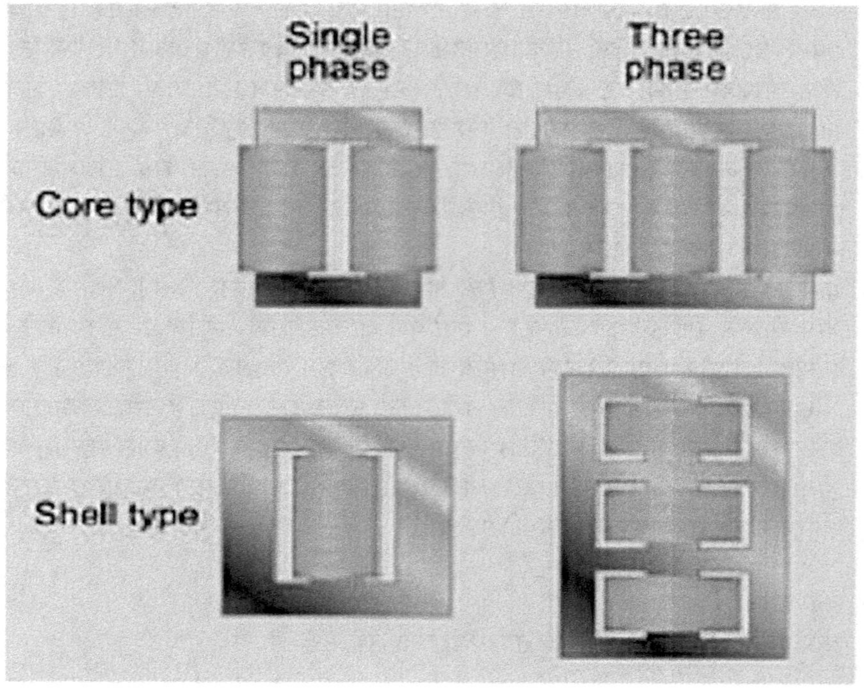

कोर टाइप तथा शैल टाइप

कोर टाइप तथा शैल टाइप निर्माण –

कोर की आकृति दो किस्म की होती है –

(1) – कोर टाइप तथा (2) शैल टाइप

निर्माण की किस्म का चयन अभिकल्प (डिजाइन) तथा निर्माण अनुप्रयोग पर निर्भर करता है ।

कोर टाइप चुम्बकीय सर्किट में लम्बाई में रखे तीन या पांच अवयव होते हैं । शैल टाइप में दो क्षैतिज योक्स एक ऊपर तथा दूसरा तले पर हो, चुम्बकीय सर्किट को बंद कराते हैं ।

कोर टाइप निर्माण से वाईंडिंग कोर को गोलाकार रूप से घेरता तथा शैल टाइप निर्माण कोर वाईंडिंग के बाहर गोला बनाता है । योक की दो शाखाएं होती हैं तथा चुम्बकीय प्रवाह अवयव शाखाओं को दो भागों में बाटते हुए योक में प्रवेश करती हैं । कोर टाइप ट्रांसफार्मरों का निर्माण सरल है । एचवी तथा एलवी वाईंडिंग कोइलों का निर्माण अलग से होता है तथा बाद में अवयवों में डाली जाती है । वाइडिंग स्पाइरल या हेलीकल होती है तथा अवयवों पर

गहनता से रखी जाती है ।

शैल टाइप निर्माण में, एलवी तथा एचवी वाईंडिंग फ्लैट तथा पेन - केक टाइप का होता है । शैल टाइप कोर में न्यूनतम कइंग का लीकेज चुम्बकीय प्रवाह होता है । शैल टाइप ट्रांसफार्मरों में अवयव का क्रास – सेक्शन योक के क्रास सेक्शन से दो गुना होता है । शैल टाइप कोर की निर्माण प्रक्रिया एक कोर टाइप निर्माण प्रक्रियाया से धीमी तथा खर्चीली होती है ।

कोर टाइप निर्माण का छोटे एवं बड़े ट्रांसफार्मरों में प्राय: प्रयोग में लाया जाता है । शैल टाइप का निर्माण को छोटे एवं सिंगल फेज ट्रांसफार्मर में प्रयोग किया जाता है ।

कोर में क्षतियां (हानियां) -

एक ट्रांसफार्मर के कोर में हिस्टेरिसिस क्षति/लॉस लगातार होती है क्योंकि कोर को 50 हर्टज़ प्रत्यावर्ती (एसी) चुम्बकीय प्रवाह से गुजरना होता है । इस क्षति को बेहतर श्रेणी की सीआरजीओ स्टील शीट का प्रयोग करके घटाया जाता है ।

- एचआईबी - 0.27 16 % तक कटौती
- एचआईबी – 0.23 24 % तक कटौती
- लेजर ग्रेड ज़ेडडी एमएच – 0.23 38 % तक की कटौती
- एम 4 टाइप 30 % तक की कटौती
- एम 5 टाइप 60 % तक की कटौती
- जब प्रत्यावर्ती चुम्बकीय प्रवाह लोह कोर के माध्यम से प्रवाहित होता है, थोड़ा ईएमएफ चुम्बकीय प्रवाह लिंकेज में अपने परिवर्तन के कारण चुम्बकीय सामग्री में इंड्यूस्ड होता है । इस तरह के करंट एडडी करंट कहे जाते हैं जो जब धातु के जरिए बहता है धातु में आई स्क्युयायार आर क्षति होती है जो ऊष्मा के रूप में व्यक्त होती है । इस तरह की क्षति को एडडी करंट क्षति कहा जाता है ।

एडडी करंट क्षतियों को न्यूनतम करने के तरीके –

- महीन/बारीक शीट का प्रयोग करके कोर लेमीनेटिंग

- लेमीनेशन का विद्युत रोधन
- उच्च वैद्युत प्रतिरोधकता की सामाग्री का प्रयोग
- माइट्रेड/कलमी जोइंट्स का प्रयोग
- एयर गेप को कम करना
- वाईंडिंग कंडक्टर की लगातार ट्रांरेजिंग
- लेमीनेशन की मोटाई को कम करके

- एडडी करेंट क्षति 'टी' (लेमीनेशन की मोटाई) के वर्ग के अनुपात में होती है । 0.03 मिमी मोटाई के एमारफास धातु का प्रयोग करके कोर क्षतियों को 100 % से घटा कर 30 % की जा सकती है ।

क्षतियों पर कुछ पैरामीटरों के प्रभाव जब % प्रतिक्रिया शीतलता को लगातार बनाये रखा जाता है –

पैरामीटर - अभिवृद्धि कोर व्यास के साथ, - - अभिवृद्धि चुम्बकीय प्रवाह गहनता , - - - अभिवृद्धि लेग मेम्बर

तांबा वजन - कमी, - - कमी, - - - वृद्धि

तांबा क्षति - कमी, - - कमी, - - - वृद्धि

कोर वजन - वृद्धि, - - कमी, - - - कमी

कोर क्षति - वृद्धि, - - वृद्धि, - - - कमी

अभिवृद्धि कोर व्यास या अभवृद्धि चुम्बकीय गहनता के साथ, वोल्टता प्रति चक्र बढ़ते हैं जबकि चक्रों की संख्या कम हो जाएगी, परिणामता कुल तांबा वजन तथा तांबा क्षति में कमी हो जाएगी ।

7

ट्रांसफार्मर वाईंडिंग

ट्रांसफार्मर वाईंडिंग

वाईंडिंग

ट्रांसफार्मर वाईंडिंग

- वाईंडिंग प्राय: आकार में बेलनाकार (सिलिंडरिकल) होती हैं क्योंकि गोलाकार कोइल वैद्युत चुम्बकीय बल के रेडियल घटक के लिए अधिक प्रतिरोधकता देती है । रेटिंग पर निर्भर करते हुए विभिन्न किस्म की वाईंडिंग का इस्तेमाल होता है । एचवी/एचटी तथा एलवी/एलटी कोइलों को बाहरी ओर एचवी/एचटी वाईंडिंग के साथ गहनता के साथ रखा जाता है।

- वाईंडिंग के प्रकार – डिस्ट्रीप्युटेड क्रॉस ओवर वाईंडिंग, स्पाईरल वाईंडिंग, हलीकल वाईंडिंग, कंटिन्युयस डिस्क वाईंडिंग, इंटरलीव्डडिस्क वाईंडिंग

ट्रांसपोजीशन – प्रतिस्थापन/सरकाना/बदलना

- एक वाईंडिंग में कंडक्टरों की रद्दो बदल उनकी लंबाई बराबर करने के लिए अनिवार्य है जिससे उनमें कोई परिचालित करेंट न हो, जिससे एडडी करेंट क्षतियां बढ़ती हों ।

- एक ट्रांसफार्मर के डिजाइन तथा प्रचालन को नियंत्रित करने वाले कुछ महत्वपूर्ण पैरामीटरों निम्नांकित हैं –

- 1-प्रचालन चुम्बकीय सघनता – सामान्यत: चुम्बकीय प्रभाव सघनता का चुनाव वोल्टता तथा फ्रीकुएनसी उतार - चढ़ाव को ध्यान में रखते हुए पर्याप्त गुंजाइस के साथ चुम्बकीय वक्र के नाजुक बिन्दु होता है । ट्रांसफार्मर का शोर स्तर भी चुम्बकीय प्रवाह सघनता पर असर डालता है । एक अच्छे सीआरजीओ कोर की 1.6 से 1.7 टेस्ला प्रचालन चुम्बकीय प्रवाह सघनता हो सकती है, उप – संचारण विद्युत ट्रांसफार्मरों के लिए 1.9 टेस्ला, ईएचवी ट्रांसफार्मरों के लिए 1.4 टेस्ला के लिए किया गया है । चुम्बकीय प्रवाह सघनता वृद्धि वोल्टता/चक्र को सुधारेगी, इस कारण चक्रों में कमी आएगी तथा तांबा/ कॉपर क्षति/लॉस में कमी होगी । लेकिन इससे भार/लोड हानि में वृद्धि नहीं होगी ।

- 2 - प्रतिशत/पर्सन्टेज इम्पीडेंस – इम्पीडेंस वोल्टेज को शॉर्ट सर्किट परिस्थियों के तहत अन्य वाईंडिंग को टर्मिनलों की वाईंडिंग को रखते हुए दरित/रेटिड करेंट के सप्लाई के लिए अपेक्षित सामान्य टैप पर एक वाईंडिंग के लाइन टर्मिनलों पर प्रयुक्त वोल्टता के रूप में परिभाषित किया गया है ।

- इसे प्राय: वाईंडिंग की रेटिड वोल्टेज के % (प्रतिशत) के रूप में व्यक्त किया जाता है जो दरित/रेटिड करेंट प्राप्त करने के लिए इस्तेमाल की जाती है ।

- एक ट्रांसफार्मर की आसन्न प्रतिरोधकता तथा क्षरण प्रतिक्रिया के कारण पूर्ण भार पर वोल्टता में कमी है । यह द्वितीयक शॉर्ट सर्किट परिस्थिति के तहत पूर्ण भार/फुललोड करेंट के परिचालन के लिए अपेक्षित प्राथमिक टर्मिनल वोल्टेज का % (प्रतिशत) भी है ।

- % इम्पीडेंस का मापन शॉर्ट सर्किट परीक्षण द्वारा किया जाता है ।

- एक वाईंडिंग को शॉर्ट करके दरित/रेटिड फ्रीकयूएनसी पर वोल्टेज को दरित/रेटिड करेंट के परिचालन के लिए एक मूल्य पर्याप्त अन्य वाईंडिंग पर लागू किया जाता है । उस वोल्टेज को आसन्न वोल्टेज कहा जाता है

कोर एसेम्बली

8
पर्सेंटेज % (प्रतिशत) इम्पीडेंस

पर्सेंटेज % (प्रतिशत) इम्पीडेंस

- % इम्पीडेंस = % ज़ेड (Z) = इम्पीडेंस वोल्टेज x 100, रेटिड वोल्टेज
- % इम्पीडेंस महत्वपूर्ण है क्योंकि यह –
- पूर्ण भार/फुल लोड परिस्थितियों के तहत हुई वोल्टेज गिरावट को दर्शाती है ।
- दो ट्रांसफार्मर जब समानान्तर रूप से प्रचालित होते हैं उनके बीच भार/लोड शेयरिंग को प्रभावित करते हैं ।
- यह अधिकतम फाल्ट करेंट को निर्धारित करती है जो एक शॉर्ट सर्किट परिस्थिति के तहत प्रवाहित होगा । उच्च % आसन्नता ट्रांसफार्मर के जरिए निम्न शॉर्ट सर्किट करेंट प्रवाह इस तरह कम शॉर्ट सर्किट तनाव होगा ।
- इमीडेंस वोल्टेज ट्रांसफार्मर में क्षतियों, विनियमन, दक्षता का निर्धारण करेगी । अधिक इम्पीडेंस वोल्टेज, अधिक विनियमन, तथा हानियां और दक्षता निम्न होगी –
- सामान्य: % आसन्नता कीमत - वितरण ट्रांसफार्मर = 4 से 5 %
- 132/33 केवी स्तर पर पावर ट्रांसफार्मर = 6.5 से 14 %

अगर आसन्नता लीकेज प्रवाह के कारण गिरावट से मेल खाए तो यह किफ़ायती होगा ।

9

वेक्टर ग्रुप तथा पोलेरिटी

वेक्टर ग्रुप तथा पोलेरिटी

वेक्टर ग्रुप तथा पोलेरिटी/ध्रुवीयता

- जब इंड्युस्ड प्राथमिक तथा द्विवतीयक वाईंडिंग वोल्टेज एक ही दिशा में हैं, दो वाईंडिंग की ध्रुवीयता एक ही है । इसे ऋणात्मक/नेगेटिव ध्रुवीयता कहा जाता है । जब इंड्युस्ड ईएमएफ विपरीत दिशा में है तो ध्रुवीयता को गुणात्मक कहा जाता है । वाईंडिंग के विभिन्न जोड़ों के द्वारा आंतरिक संयोजन तथा टर्मिनलों के संयोजन से विभिन्न पोलेरिटी/ध्रुवीयता प्राप्त की जा सकती है ।
- इसे संक्षेप में 'डीवाई 11' (Dy11) भी कहा जाता है ।
- डी (D) बड़ा है जो प्राथमिक संयोजन की पद्धति को दर्शाता है तथा द्वितीय अक्षर वाई (y) छोटा है जो द्विवतीयक के संबंध में दर्शाता है संख्या घड़ी की स्थिति (क्लॉक पोजीशन) के संदर्भ में प्राथमिक के संबंध में द्विवतीयक के फेज कोण अंतर को दर्शाती है ।

' डीवाई 11' इसमें 'डी' ट्रांसफार्मर प्राथमिक डेल्टा संयोजन दर्शाता है तथा 'वाई' दर्शाता है कि वितीयक स्टार संयोजित है । संख्या '11' दर्शाती है कि प्राथमिक के संदर्भ में द्विवतीयक घड़ी स्थिति के अनुसार 11 बजे की स्थिति में है

वेक्टर ग्रुप तथा पोलेरिटी –

- प्राथमिक तथा द्विवतीयक के बीच एक ही तरह के फेज कोण वाले ट्रांसफार्मरों को नीचे दिए गए अनुसार समाहीकृत किया गया है
- समूह - 1, - - समूह - 2, - - - समूह - 3, - - - - समूह - 4
- वाईवाईओ, - - वाईवाई6, (180), - - - वाईवाई आई (-30), - - - - वाईवाईआईआई (+30)

- डीडीओ, - - डीडीओ (180), - - - डीडीआई (-30), - - - - डीडीआईआई (+30)
- डीज़ेडओ, - - डीज़ेडओ(180), - - - डीज़ेडआई (-30), - - - - डीज़ेडआईआई (+30)

- वेक्टर ग्रुप समानान्तर रूप में ट्रांसफार्मरों के प्रचालन के लिए विचारार्थ कारकों में से एक कारक है ।
- तीन फेज के ट्रांसफार्मरों की पोलेरिटी टेस्ट करने के लिए वाईंडिंग को 3 फेज सपलाई दे कर और वोल्टेज बढ़ा कर किया जाता है ।

10

ट्रांसफार्मर टेप चेंजर

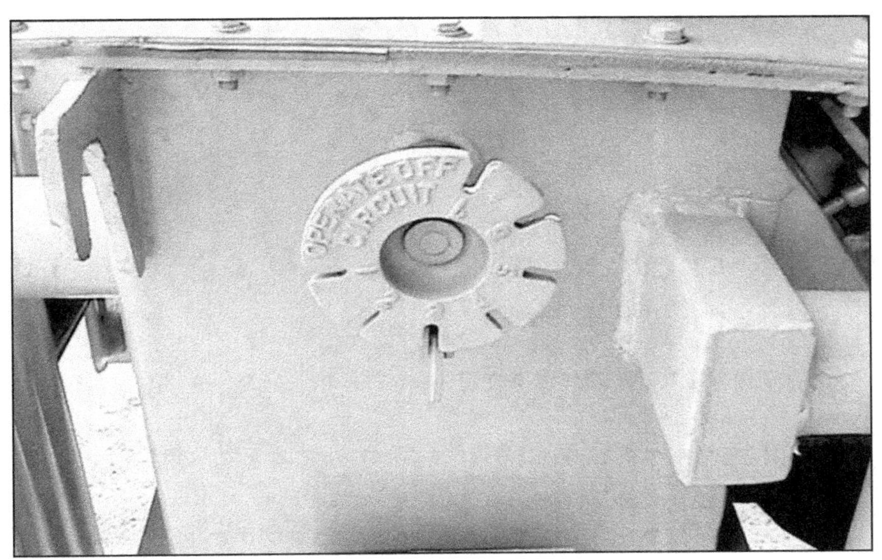

ट्रांसफार्मर टेप चेंजर

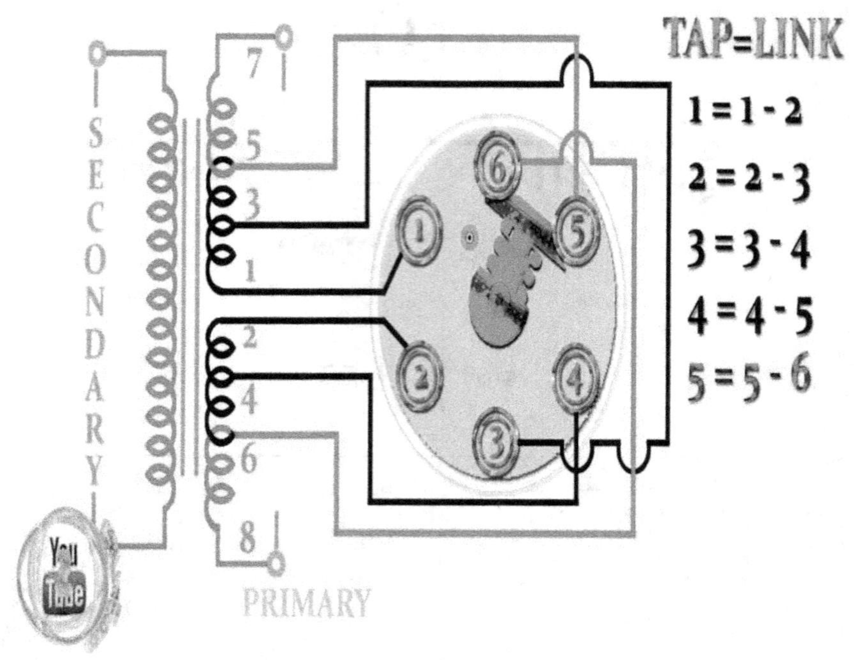

ट्रांसफार्मर टेप चेंजर

टेप चेंजर्स

पावर ट्रांसफार्मर में टेप चेंजर दो कारणों से वोल्टेज कंट्रोल करने के लिए जरूरी होता है –

क - जेनरेटिंग स्टेशनों को जोड़ने वाली लाइनों में केडब्ल्यू और केवीए ओवर फ्लो पर नियंत्रण के लिए ।

ख – भारतीय विद्युत नियमों के अनुसार उपभोक्ता के लिए एलटी वोल्टेज स्तर (+ 6% या – 6 %) बनाये रखने के लिए ।

टैंक के बाहर लगे टेप चेंजर स्विच और टेपिंग्स की मदद से एचवी वाईंडिंग पर मोड़ों (टर्न्स) की संख्या बदलकर वोल्टेज नियन्त्रण किया जाता है । किसी तीन फेज वाले ट्रांसफार्मर में स्विच इस तरह से लगाए जाते हैं कि तीनों बाइण्डिनग्स का संपर्क एक साथ ही बदला जा सके इस टेप चेंजिंग एसेम्बली को टेप चेंजर कहा जाता है ।

- ये एक ट्रांसफार्मर की वोल्टेज को बदलने के लिए साधन है । संगत स्तरों पर द्वितीयक पक्ष में बस वोल्टता को बनाए रखने के लिए ये जरूरी है । वोल्टेज परिवर्तन प्राथमिक तथा द्वितीयक वाईंडिंग में चक्रों/टर्नो की संख्या परिवर्तित करके प्राप्त की जा सकती है । टेप चेंजरों की दो किस्में उपलब्ध हैं –
- ऑफ लोड/सर्किट टेप चेंजर, ऑन लोड/सर्किट टेप चेंजर
- ऑफ लोड/सर्किट टेप चेंजर – यह सस्ता है । टेप परिवर्तन प्राय: तब किया जाता है जब ट्रांसफार्मर बंद होता है । इसमें प्राय: ये समाविष्ट हैं –
- ट्रांसफार्मर ऑपरेटिंग क्रैंक, संरूपी वोल्टता के साथ टेप पोजीशन इंडीकेटर, चल संपर्क के साथ विद्युत रोधी साफ्ट, स्थायी संपर्क टर्मिनल पर उपलब्ध करवाए जाते हैं, अप्राधिकृत ऑपरेशन से बचाने के लिए यांत्रिक ताले, असावधानी से प्रचालन से बचाने के लिए एक इलेक्ट्रोमेग्नेटिक लैचस्विचिज
- ऑन लोड टेप चेंजर – (ओएलटीसी) - इस प्रकार के टेप चेंजर में ट्रांसफार्मर टेप को ट्रांसफार्मर ‘ऑन‘ और लोडिड स्थितियों में होने के अधीन बदला जा सकता है इस प्रकार की चेंजर की आपूर्ति को बंद करना आवश्यक नहीं है । यह बड़े पावर ट्रांसफार्मरों में उपयोग होता है ।
- नोट – प्राय: यह चर्चा में बात आती है कि ट्रांसफार्मर स्वयं ही वोल्टेज परिवर्तन करता है तब टैप चेंजर की आवश्यकता क्यों होती है । विद्युत विनियमन के अनुसार को उपभोक्ता को एक निश्चित - स्थिर (सीमित) वोल्टेज देने का प्रावधान किया जाता है, परंतु विद्युत व्यवस्था में लोड कम होने पर वोल्टेज अधिक और लोड बढ़ने पर वोल्टेज कम होना स्वाभाविक प्रक्रिया है जिसका समय और मौसम के हिसाब से भी प्रभाव पड़ता है । ऐसी परिस्थितियों के निदान के लिए सेकेन्डरी साइड वितरण ट्रांसफार्मर और उपभोक्ता के लिए निश्चित – स्थिर (सीमित) वोल्टेज प्रदान करने हेतु टैप चेंजर का प्रयोग आवश्यक हो जाता है ।
- टैप चेंजर का उपयोग अधिकारी के कुशल मार्ग दर्शन में ही किया जाता है ।
- प्राय: छोटी क्षमता (16, 25, 63 और 100 केवीए) के ट्रांसफार्मरों पर टैप चेंजर नहीं लगाए जाते हैं ।
- अपवाद स्वरूप 100 केवीए और इससे अधिक क्षमता के सभी ट्रांसफार्मरों पर टैप चेंजर का प्रावधान रहता है ।
- टैप चेंजर सर्किट ट्रांसफार्मर के अन्दर प्राइमरी वाईंडिंग (जो कोर के बाहरी साइड होती है) पर ही होते हैं । सेकेन्डरी साइड वाईंडिंग पर नहीं ।

11

कूलिंग व्यवस्थाएँ

कूलिंग व्यवस्थाएँ

- तेल दो प्रयोजनों के लिए होता है – एक – विद्युत रोधन/इंसुलेशन, दो – वाईंडिंग कूलिंग के लिए ।
- ट्रांसफार्मर के भीतर तापमान का नियंत्रण जरूरी है ताकि कम तापीय निम्नीकरण के कारण और लंबा सेवाकाल सुनिश्चित किया जा सके । ट्रांसफार्मर में जो गर्मी पैदा होती है वह तेल के जरिए वातावरण में मिल जाती है । कूलिंग की विभिन्न किस्में उपलब्ध हैं –

ओएनएएन (ONAN) टाइप – ऑइल नेचुरल एंड एयर नेचुरल

- ओएनएएन (ONAN) टाइप – ऑइल नेचुरल एंड एयर नेचुरल । इसमें वाईंडिंग तथा कोर से ऊष्मा/गर्मी तेल को अंतरित होती है । तेल गरम होकर प्राकृतिक साधनों द्वारा रेडियटरों में परिचालित होता है तथा ऊष्मा को वातावरण में छोड़ देता है ।
- ओएनएएफ (ONAF) टाइप – ऑइल नेचुरल एयर फोर्सड । उसमें जब तेल एक निश्चित तापमान पर पहुँच जाता है तो पखों के जरिए कूलिंग धरातल पर आ जाती है । प्रणोदित हवा तेज गति से ऊष्मा को ले जाती है । प्राकृतिक हवा की तुलना में बेहतर कूलिंग दर प्राप्त होती है । पंखे चलाकर - 60 डिग्री सेन्टीग्रेड, अलार्म हार्ड टेम्परेचर – 85 डिग्री सेन्टीग्रेड, ट्रांसफार्मर वाईंडिंग तापमान हार्ड अलार्म – 90 डिग्री सेन्टीग्रेड

12

तेल संरक्षण प्रणाली - सिलिका जेल ब्रीदर

तेल संरक्षण प्रणाली – सिलिका जेल ब्रीदर

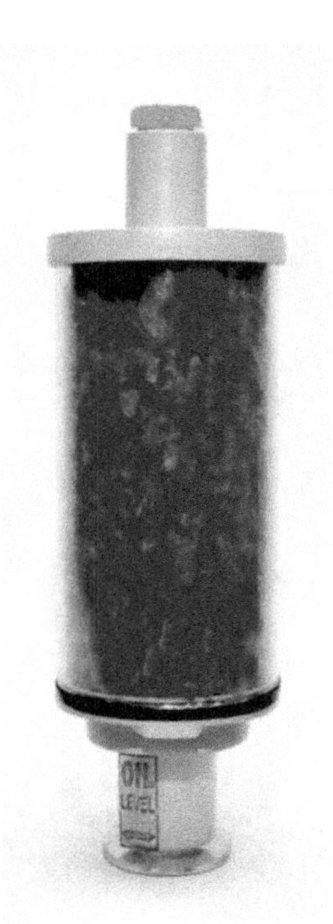

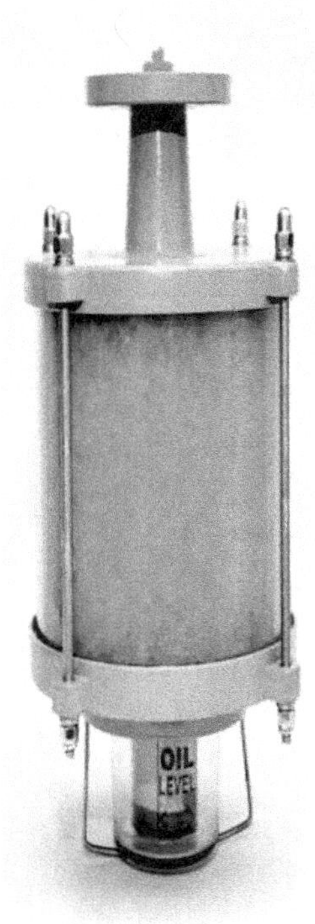

Breather
Insp. Window for Silica Gel Colour 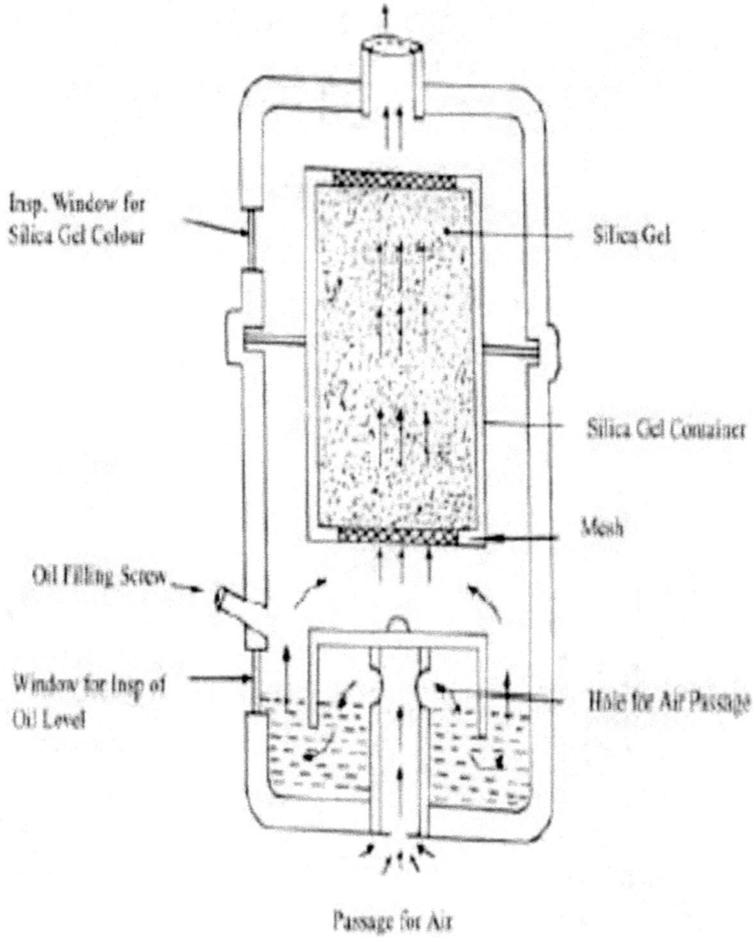
Silica Gel
Silica Gel Container
Mesh
Oil Filling Screw
Window for Insp of Oil Level
Hole for Air Passage
Passage for Air

ब्रीदर

- तेल में सरलता से नमी अवशोषित होती है । नमी की उपस्थिति सेतेल की डाईइलेक्ट्रिक स्ट्रेंथ/शक्ति कम हो जाती है । नमी प्रवेश इनसे हो सकता है – तेल में वायु से संपर्क के जरिए, गैसकेट के बाहर लीकेज से, उच्च तापमान से पैदा विद्युत रोधन/रजिसटेन्स विफलता के कारण ट्रांसफार्मर के भीतर गठन, नमी के साथ तेल के प्रदूषण को कम करने के लिए विभिन्न पद्धतियां उपलब्ध हैं ।

- सिलिका जेल – ब्रीदर – यह अत्यधिक प्रचलित तथा किफ़ायती पद्धति है जिससे वायु में नमी को सीमित किया जाता है ताकि ट्रांसफार्मर में तेल पूर्ण शुष्क वायु के संपर्क में आए । सिलिका जेल ब्रीदर को संरक्षक/कंजरवेटिव टैंक से जोड़ा जाता है । एक सिलिका जेल ब्रीदर की सिलिका जेल शोषित के साथ पैक किया हुआ होता है जिसमें सिलिका जेल तथा तेल वाला एक छोटा कप होता है । कंजरवेटर में वायु का आहरण/प्रवेश तेल कप के जरिए होता है जहां अधिकांश नमी अवशोषित होती है । सिलिका जेल को अवशोषित क्षमता सुधारने के लिए बार – बार सक्रिय करने की जरूरत होती है । अगर ब्रीदर को अच्छी तरह मेंटेन किया जाता तो उसमें 40 डिग्री सेन्टीग्रेड से नीचे ओस बिन्दु (ड्यू पॉइंट) तक वायु को सुखाने की क्षमता होगी । वायु प्रवेश को कम करने के लिए कप में तेल स्तर को बनाए रखना होगा । जब सिलिका जेल का रंग नीले से गुलाबी हो जाता है तो इसे पुनः सक्रिय करने या बदलने की आवश्यकता होती है। यदि गुलाबी रंग गरम करने पर नीला नहीं होता तो सिलिका जेल बदलते हैं, और यदि गुलाबी से नीला रंग हो जाता है तो उसे प्रयोग करते है ।

13

ट्रांसफार्मर एक्सप्लोजन - वेंट (ट्रांसफार्मर धौकनी) और बुकोल्ज़

ट्रांसफार्मर एक्सप्लोजन – वेंट (ट्रांसफार्मर धौकनी) और बुकोल्ज़

ट्रांसफार्मर एक्सप्लोजन – वेंट

ट्रांसफार्मर टैंक के टॉप पर काफी परिधि वाला एक संकरा पाइप लगाया जाता है । इसके दोनों तरफ डाइफ्रेम फिट कर दिए जाते हैं । एक डाइफ्रेम आयल टैंक के बीच और दूसरा

"

डाइफ्रेम पाइप के आखिर में कॉपर का लगा होता है ।

जब भी ट्रांसफार्मर के अंदर कोई बड़ा फाल्ट आता है अथवा बड़ी मात्रा में ट्रांसफार्मर टैंक के अंदर गैसें बन जाती हैं तो इन गैसों के प्रेशर के कारण नीचे वाला डाइफ्रेम फट जाता है और ऊपर वाले डाइफ्रेम से गैस व तेल का दबाव पड़ने पर वह टूट जाता है जिससे ट्रांसफार्मर के अंदर फाल्ट होने की हालत का पता चलता है । इस बचाव के कारण ट्रांसफार्मर टैंक से तेल बाहर निकल जाता है और ट्रांसफार्मर फटने से बच जाता है । कभी - कभी नीचे वाला डाइफ्रेम बिना किसी फाल्ट के भी तेल का दबाव पड़ने से फट जाता है और ऐसे मामले में तेल ग्लास विंडो से दिखाई देने लगता है ऐसी हालत में फटे हुए डाइफ्रेम को बदल देने की कार्यवाही तुरंत की जाती है ।

प्रेशर रिलीफ़ वाल्व/एक्स्ज़ोस्ट - विस्फोट निकास

- यह तेल के वाष्पन के एक मुख्य दोष के कारण ट्रांसफार्मर के भीतर विकसित अधिक गैसीय अधिक दबाव को तुरंत मुक्त करने का एक उपकरण है । अगर यह उपलब्ध न करवाया जाए, तो जब टैंक के भीतर खतरनाक गैस दबाव बनता है यह फट जाएगा तथा टैंक का ढक्कन उड़ जाएगा जिसके फलस्वरूप आग लगने का खतरा है ।
- इसमें एक स्टेनलेस स्टील निरोधक जो हेवी स्प्रिंगों से कसा होता है । जैसे ही एक पूर्व निर्धारित सीमा से ऊपर ट्रांसफार्मर टैंक गरम होता है अंदर के दबाव से निरोधक स्प्रिंग उठ जाते हैं तथा अधिक दबाव निर्मुक्त हो जाता है । तब निरोधक नीचे आ जाता है, स्प्रिंगों द्वारा अपनी मूल स्थिति कर दिया जाता है । निरोधक के उठाने पर एक इंडीकेटर तथा एक माइक्रो स्विच जलने लगता है ।
- इसका विकल्प एक निरोधक है जो अधिक दबाव पर फट जाता है । तथापि पहले वाले को छोटा साइज और अलार्म तथा स्विच आदि के कारण वरीयता दी जाती है ।
- इक्वलाइजर पाइप – संरक्षक टैंक और विस्फोट निकास को जोड़ने वाले पाइप को इक्वलाइजर पाइप कहा जाता है । यदि ट्रांसफार्मर टैंक की भीतर थोड़ी मात्रा में गैस बनेगी तो ये गैसें संरक्षक टैंक में एकत्र होंगी । ये गैसें इक्वलाइजर पाइप की सहायता से विस्फोट निकास तथा संरक्षक टैंक के मध्य समान दबाव को बनाए रखेंगी ।

बुकोल्ज़

बुकोल्ज़

बुकोल्ज़ रिले

- बुकोल्ज़ रिले का उपयोग 500 केवीए से अधिक के ट्रांसफार्मरों हेतु किया जाता है । यह एक गैस प्रचालित रिले है और इसका उपयोग विद्युत ट्रांसफार्मरों में किया जाता है । जब कभी भी तेल के विघटन के कारण ट्रांसफार्मर में कोई दोष उत्पन्न होता है तो बुलबुलों में गैस बनती है । ये बुलबुले ट्रांसफार्मर टैंक और संरक्षक/कंजरवेटर टैंक को जोड़ने वाली पाइप के माध्यम से गुजरते हैं । इस मार्ग में बुकोल्ज़ रिले अवस्थित होती है । गैस के बुलबुले बुकोल्ज़ रिले में फंस जाते हैं जिससे दबाव बनता है । बुकोल्ज़ रिले कास्ट आयरन से बनी होती है जिसमें दो फ्लोट शामिल होते हैं । ऊपरी खोखले फ्लोट में एक मरकरी स्विच होता है जो बुकोल्ज़ अलार्म सर्किट के साथ जोड़ा जाता है । निचले बैफल पर अवस्थित मरकरी स्विच को ट्रिप सर्किट के साथ जोड़ा गया होता है । रिले चैम्बर के शीर्ष पर गैस नमूनाकरण हेतु एक पैट कॉक मुहैया करवाया जाता है । रिले चैम्बर में एक शीशे की खिड़की भी मुहैया करवाई जाती है जिसके माध्यम से गैस की मात्रातथा रंग को देखा जा सकता है । ट्रिप तथा अलार्म तंत्र को हाथ से प्रचालन/ऑपरेट किए जाने का प्रावधान है । पैट कॉक के माध्यम से वायु को पम्प करना तथा रिले का प्रचालन करना रिले के कार्यकाल के परीक्षण हेतु सबसे सरल तरीकों में से एक है ।

पावर ट्रांसफार्मर पर अलार्म आने पर उपकेंद्र में कार्यरत ऑपरेटर हेतु दिशा – निर्देश क्रमांक, - अलार्म , - आवश्यक कार्यवाही (क्रिया कलाप)

1, - ऑइल टेम्परेचर अलार्म, - अलार्म केन्सिल कर ट्रान्सफार्मर की बॉडी को छूकर गरम होना पता करें । वाईंडिंग एवं ऑइल टेम्परेचर की रीडिंग लें, इनके तापमान के आधार पर आवश्यक कार्यवाही करें एवं तत्काल उपमहाप्रबंधक/अधिशासी अभियंता व प्रबन्धक/एसडीओ को सूचित करें

2, - वाईंडिंग टेम्परेचर अलार्म, - अलार्म कैंसिल कर ट्रांसफार्मर की बॉडी को छूकर गरम होना पता करें, वाईंडिंग एवं ऑइल टेम्परेचर की रीडिंग लें, इनके तापमान के आधार पर आवश्यक कार्यवाही करें एवं तत्काल उप महाप्रबन्धक/अधिशासी अभियंता व प्रबन्धक/एसडीओ को सूचित करें

3, - बुकोल्ज़ अलार्म, -अलार्म कैंसिल करें एवं एचवी एवं एलवी साइड की सप्लाई अलग करें । तत्काल उप महाप्रबन्धक/अधिशासी अभियंता, प्रबन्धक/एसडीओ को सूचित करें

4, - बुकोल्ज़ ट्रिप, -अलार्म कैंसिल करें, एवं एचवी एवं एलवी साइड की सप्लाई अलग

5, -कैपेसिटर बैंक ट्रिप, -अलार्म कैंसिल करें एवं उपकेंद्र संचालन निर्देशानुसार कार्यवाही करें

6, - फीडर ब्रेकर ट्रिप, - अलार्म कैंसिल करें, एवं एचवी एवं एलवी साइड की सप्लाई अलग

14

कंजरवेटर/संरक्षक टैंक

कंजरवेटर/संरक्षक टैंक

कंजरवेटर/संरक्षक टैंक

- इसे ट्रांसफार्मर के ऊपर लगाया जाता है ताकि लोड/भार में घट - बढ़ के अनुसार यह तेल का संकुचन और फैलाव बर्दाश्त कर सके । इसे इक्वीलाइजर पाइप नामक एक पाइप के जरिए ट्रांसफार्मर मुख्य टैंक से जोड़ा जाता है । जब ट्रांसफार्मर पर लोड/भार बढ़ता है तब तापमान में वृद्धि होती है, मुख्य टैंक में तेल फैलता है तथा तेल स्तर बढ़ता है । जब इस बढ़े हुए तेल के लिए पर्याप्त स्थान नहीं होता, ट्रांसफार्मर निरोधक या विस्फोट छेद फटकर खुल जाएगा । कंजरवेटर लगे होने से में तेल विस्तारण को जगह मिल जाती है

। इस कारण से, मुख्य टैंक में तेल स्तर एक समान स्तर पर रहेगा । कंजरवेटर को तेल स्तर पैमाने के साथ भी फिट किया जाता है । कंजरवेटर को पूरी तरह तेल से भरा नहीं होना चाहिए । कंजरवेटर सामान्यत: आधा भरा होता है और आधा खाली होता है ।

। इस कारण से, मुख्य टैंक में तेल स्तर एक समान स्तर पर रहेगा । कंजरवेटर को तेल स्तर पैमाने के साथ भी फिट किया जाता है । कंजरवेटर को पूरी तरह तेल से भरा नहीं होना चाहिए । कंजरवेटर सामान्यत: आधा भरा होता है और आधा खाली होता है ।

15

रेडिएटर्स

रेडिएटर्स

- रेडिएटर का उपयोग ट्रांसफार्मरों का तापमान एक सुरक्षित सीमा तक सीमित करने के लिए किया जाता है । फिन अथवा रेडिएटर ट्यूब का प्रावधान रेडिएटर में तेल की गर्मी को अधिक प्रभावी ढंग से वायुमंडल में छोड़ने के लिए किया जाता है । गरम तेल रेडिएटर के माध्यम से परिचालित होता है और ऊष्मा को कंडकशन तथा रेडिएशन के सिद्धांतों के अनुसार वायुमंडल में छोड़ा जाता है । रेडिएटर में तेल नीचे की ओर परिचालित होता है क्योंकि मुख्य टैंक में गरम तेल मुख्य टैंक के ऊपरी भाग पर चला जाता है और फिर रेडिएटर में जाता है । ऊष्मा के रेडिएटर के माध्यम से वायुमंडल में जाने के पश्चात यह ठंडा हो जाता है और फिर से रेडिएटर के निचले वाल्वों के माध्यम से मुख्य टैंक में जाने के लिए नीचे की ओर जाता है ।

- नोट – रेडिएटर लगाते समय इस बात का ध्यान रखा जाता है कि रेडिएटर के मुंह पर लगे पैकिंग (कार्क) शीट जो उसके मुंह बंद करने लगी होती है उसे निकाल कर लगाते हैं ।

- रेडिएटर लगाने के बाद यह भी सुनिश्चित करना आवश्यक होता है कि सभी रेडिएटर वाल्व खुली हालत में रहें अन्यथा की स्थित में ऑइल सर्क्युलेशन रेडिएटर द्वारा नहीं होगा ।

16
ट्रांसफार्मर बुशिंग

ट्रांसफार्मर बुशिंग

ट्रांसफार्मर 11 केवी बुशिंग

ट्रांसफार्मर एलटी बुशिंग और न्यूट्रल

- बुशिंग – वाईंडिंग तारों को कनेकशन के लिए ट्रांसफार्मरों से बाहर लाना होता है । ट्रांसफार्मर की बॉडी से वाईंडिंग तारों के लिए सुरक्षा हेतु उन्हें एचवी/एचटी तथा एलवी/एलटी साइड दोनों ओर से बुशिंग के जरिए निकाला जाता है ।
- बुशिंग दो प्रकार की होती हैं –
- पोरसिलेन टाइप (33 केवी स्तर तक प्रयुक्त) बुशिंग - तारें बाहर, खोखली बुशिंग बॉडी तथा वाईंडिंग लीड के बीच स्थान के साथ निकाली जाती हैं तथा इसे विद्युत रोधी तेल से भरा जाता है वोल्टेज वृद्धि के साथ बुशिंग का आकार बड़ा हो जाता है ।
- कंडेसर टाइप (ईएचवी ट्रांसफार्मर पर प्रयुक्त) बुशिंग – इसमें विद्युत रोधन इंसुलेशन वाल, कन्सेंट्रिक कंडक्टिंग सिलिन्डर के अनेक कैपेसिटरों वाली, जो वैद्युत तनाव को झेलने की बेहतर क्षमता प्रदान करती है ।

17

ट्रांसफार्मर - एलए (लाईंटिंग अरेस्टर) (तरंग/तड़ित निरोधक)

ट्रांसफार्मर – एलए (लाईंटिंग अरेस्टर) (तरंग/तड़ित निरोधक)

लाइटिनिंग अरेस्टर – उपकेंद्र पर 33 केवी एवं 11 केवी के लाइटिनिंग अरेस्टर पावर ट्रांसफार्मर की सुरक्षा के लिए लगाए जाते हैं । ये ट्रांसफार्मर के पास 33 केवी एवं 11 केवी दोनों तरफ निकट लगाए जाते हैं । उपकेंद्र में जोड़ने वाली मीलों लंबी 33 केवी एवं 11 केवी मीलों लंबी लाइनों पर बादलों द्वारा आकाशीय विद्युत का चार्ज पैदा होता है जिसकी तीव्रता विद्युत लाइन के वोल्टेज से कई हजार गुना अधिक होती है जिससे ट्रांसफार्मर को नुकसान पहुँच सकता है । 33 केवी एवं 11 केवी के तरफ क्रमश: 30 केवी (आरएमएस) एवं 9 केवी (आरएमएस) क्षमता के लाइटिनिंग अरेस्टर लगाने से आकाशीय विद्युत का चार्ज लाइटिनिंग अरेस्टर के माध्यम से अर्थ हो जाता है, जिससे ट्रांसफार्मर को नुकसान से बचाव होता है । इनकी डबल अर्थिंग अलग से अर्थ पिट बनाकर करना चाहिए ।

लाइटिनिंग अरेस्टर की पोर्सलीन इंसुलेटर को मेंटेनेंस के समय सफाई कर क्रेक चेक करना चाहिए । तथा अर्थ भी टाइट करना चाहिए । अर्थ की आईआर वैल्यू नियमानुसार करना चाहिए । इसका रजिसटेंट (प्रतिरोध) जीरो (शून्य) ओम रखा जाना चाहिए।

प्राय: यह पाया जाता है कि जब लाइटिनिंग सर्ज से या तो केवल एक लाइटिनिंग अरेस्टर अथवा तीनों लाइटिनिंग अरेस्टर बर्स्ट (जलना/खराव होना) हो जाते हैं । तब लाइन फाल्ट के कारण बन्द हो जाती है । उसके बाद पेट्रोलिंग अथवा अथवा निरीक्षण के बाद उन खराब लाइटिनिंग अरेस्टर को लाइन से दूर कर (हटाकर/कनेक्शन काटकर) लाइन को चालू कर देते हैं, यदि उस समय लाइटिनिंग अरेस्टर उपलब्ध नहीं होते है । अन्यथा उपलब्ध होने पर खराव की जगह उन्हें बदल देते हैं ।

आवश्यक कार्य जो करना चाहिए -

जब केवल एक लाइंटिनिंग अरेस्टर खराब होता है तब यह अधिकतर बीच का खराब होता हैं क्योंकि बीच का कंडक्टर सबसे ऊपर रहता है और वह ऊपर से लाइटिनिंग सर्ज से प्रभावित होता और बर्स्ट हो जाता है । ऐसी स्थिति में लाइटिनिंग अरेस्टर उपलब्ध न होने पर खराब लाइटिनिंग अरेस्टर को लाइन से डिस्कनेक्ट कर लाइन को चालू कर देते हैं जो कि एक गलत प्रक्रिया है । क्योंकि ऐसी स्थिति में लाइन तो चालू हो जाएगी परन्तु पुन: दोबारा लाइटिनिंग होने पर बीच का लाइटीनिंग अरेस्टर न होने पर लाइन अथवा कोई उपकरण ट्रान्सफार्मर आदि क्षति ग्रस्त हो जाते/सकते हैं ।

सुझाव – समझदार विद्युत कर्मचारी -

समझदार विद्युत कर्मचारी वह होता है जो पहली बार लाइटिनिंग अरेस्टर खराब होने पर उसके स्थान पर दूसरे बाहरी फेजों पर उपलब्ध लाइटिनिंग अरेस्टर बीच वाले फेज पर लगा देता है तो वह पुन: दुबारा लाइटिनिंग सर्ज के कारण से होने से होने वाली क्षति से बचा जा सकता हैं, यह कार्य विद्युत कर्मचारी की कुशल बुद्दमिता का परिचायक है । समझदार विद्युत कर्मचारी वह होता है जो लाइन/उपकरण के लिए लगे लाइटिंग अरेस्टरों में से यदि एक भी लाइटिनिंग अरेस्टर उपलब्ध है तो वह उसे बीच के फेज पर लगा देगा/देता है जिससे लाइटिनिंग से होने वाले क्षति को रोका जाता/सकता है ।

18

डीओ फ्यूज यूनिट (सेट)

डीओ फ्यूज यूनिट (सेट)

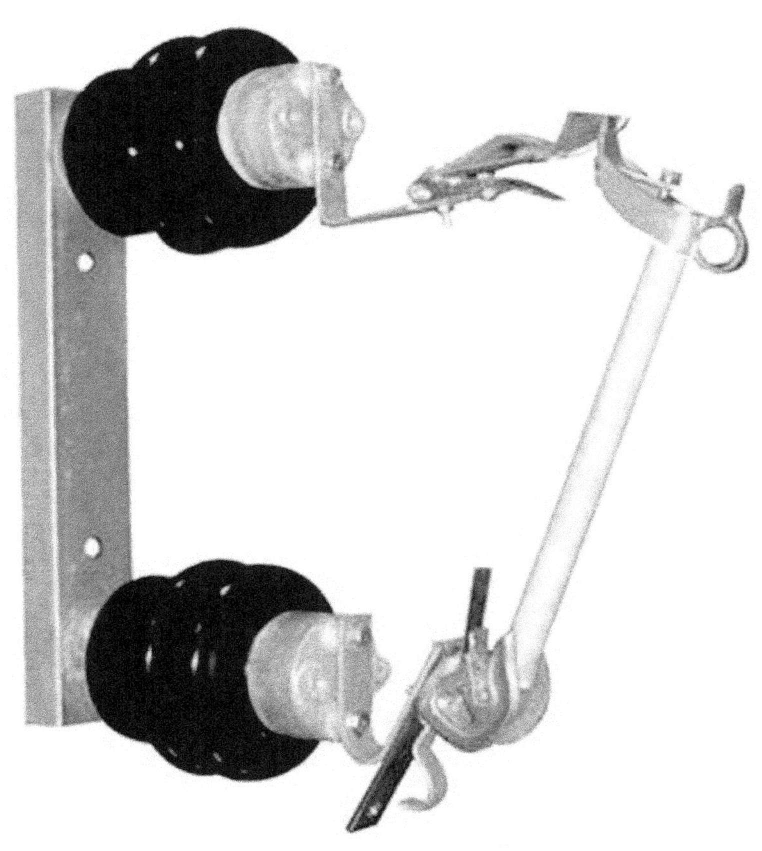

डीओ फ्यूज यूनिट

- डीओ फ्यूज यूनिट (सेट) को ड्रॉपआउट फ्यूज यूनिट (सेट) कहते हैं । एक यूनिट (सेट) में तीन डीओ होते हैं जो प्रत्येक फेज के लिए अलग – अलग होता है । आपूर्ति व्यवस्था में खराबी (फाल्ट) आने पर डीओ फ्यूज यूनिट के फ्यूज फाल्ट करेंट के कारण डीओ बैरल में जल जाते हैं और बैरल डीओ सेट से नीचे लटक जायेगा और संबन्धित फेज के फाल्ट होने की जानकारी मिल जाती है । फाल्ट निकालकर कर पुन: डीओ फ्यूज डीओ बैरल में डालकर उसे डीओ सेट में लगाकर लाइन की आपूर्ति चालू/बहाल करते हैं ।

19

ट्रांसफार्मर - कनेक्शन - डेल्टा - स्टार

ट्रांसफार्मर – कनेक्शन – डेल्टा - स्टार

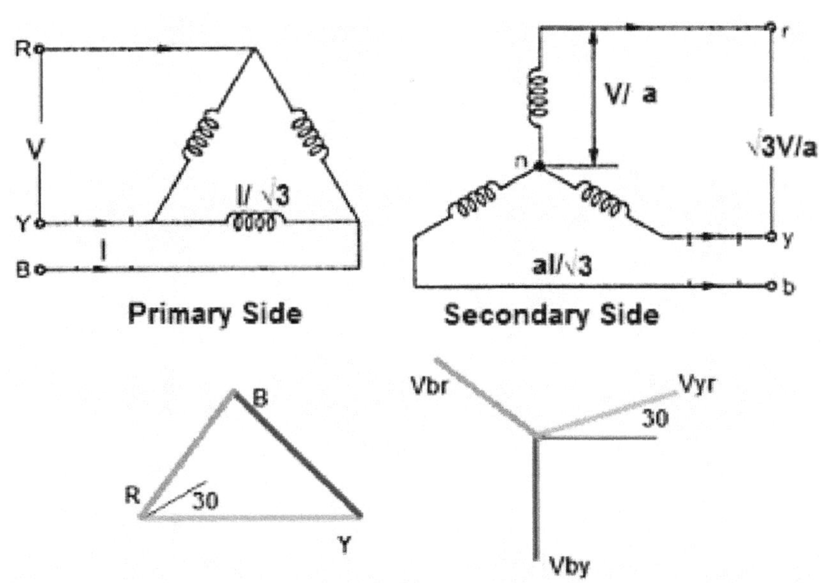

डेल्टा स्टार कनेक्शन

- मुख्यत: वितरण ट्रांसफार्मरों में प्रयुक्त
- सिंगल फेज लोड के साथ – साथ 3 फेज लोड फीडिंग में सुविधाजनक है ।
- डेल्टा वाईंडिंग से गुजरने के कारण तीसरा हारमोनिक करेंट दब जाता है ।
- संतुत वाईंडिंग कनेकशन तथा वेक्टर ग्रुप (सीबीआईपी मैनुअल) –

20

एमारफास कोर – ट्रांसफार्मर

एमारफास कोर – ट्रांसफार्मर

देश में टीएंडडी लॉस (क्षतियां) काफी हैं जबकि अन्य विकिसित देशों में ये कम हैं । इस सन्दर्भ में हर सम्भव प्रयास किया जाना चाहिए । इस क्षति में वितरण ट्रांसफार्मरों के कारण हो रही क्षति को अनदेखा नहीं किया जा सकता । वितरण ट्रांसफार्मर की नो - लोड क्षति बहुत महत्वपूर्ण हैं क्योंकि यह तब भी होती है जब ट्रांसफार्मर नो - लोड हालत में है । यह विशेषत: ग्रामीण भार के लिए महत्वपूर्ण है जहां पर लोड फेक्टर बहुत कम है ।

एमारफास मेटल का सीआरजीओ स्टील के स्थान पर ट्रांसफार्मर कोर के लिए प्रयोग ट्रांसफार्मर की लगभग 75 % तक नो – लोड (कोर क्षति) को कम कर देता है । इस प्रकार एमारफास कोर ट्रांसफार्मरों के प्रयोग से ऊर्जा की बचत होती है । फलस्वरूप संसाधनों का संरक्षण होता है ।

एमारफास धातु तथा सीआरजीओ के साथ तुलना, एमारफास कोर ट्रांसफार्मरों की निर्माण प्रक्रिया तथा टिपिकल डिजाइन पैरामीटरों का विवरण निम्नानुसार हैं –

एमारफास मेटल –

एमारफास शब्द का अर्थ है समान संरचना या स्वरूप का न होना है । एमारफास धातु एक मिश्र धातु समूह है जिसमें धात्विक गुण दोष होते हैं जबकि पारम्परिक धातु सामग्री की क्रिस्टाइल जाली नहीं होती । इनमें कोई अणु क्रम नहीं होता अर्थात ये घुल कर जमे हुए या शीशे जैसे एमारफास होते हैं । फलस्वरूप इन्हें धात्विक (मेटेलिक ग्लास) शीशे के रूप में बताया जाता है ।

एमारफास मेटल तथा सीआरजीओ स्टील के गुण तत्वों की तुलना –

क्रमांक , - गुण तत्व, - - एमारफास मेटल, - - - सीआरजीओ सिलीकन स्टील

1, - डेंसिटी (घनत्व) ग्राम/सीएम क्यूब, - - 7.15, - - - 7.65

2, - विशिष्ट प्रतिरोधकता, - - 130, - - - 45

3, - संतृप्त चुम्बकीय सघनता - टेसला, - - 1.56, - - - 2.03

4, - टिपिकल कोर क्षति वाट/मिग्रा 50 हर्टज़ 1 .4 टेसला, - - 0.20, - - - 0.90

5, - मोटाई - मिमी, - - 0.025, - - - 0.27

6, - स्थान गुणक, - - 0.80, - - - 0.97

7, - नाजुकता, - - उच्च, - - निम्न

8, - उपलब्ध स्वरूप, - - रिबन/फाइल, - - शीट/रोल

9, - तापानुशीतन (एनीलिंग) तापमान - डिग्री सेन्टीग्रेड, - - 360, - - - 810

10, - तापानुशीतन वातावरण, - - अक्रिय गैस, - - - अक्रिय गैस

11, - विशेष तापानुशीतन आवश्यकता, - - चुम्बकीय क्षेत्र तापानुशीतन, - - अक्रिय गैस

एमारफास कोर ट्रांसफार्मर निर्माण –

एमारफास चुम्बकीय सामग्री का उपयोग करके एक ट्रांसफार्मर का निर्माण मूलत : वैसा ही है जैसा एक पारम्परिक ट्रांसफार्मर का निर्माण होता है । फिर भी इस सामग्री के विशेष गुण तत्वों के कारण निर्माण प्रक्रिया सीआरजीओ स्टील से भिन्न है । ये गुण तत्व हैं –

1 – सामग्री की कठोरता अधिक है ।

2 – सामग्री बहुत महीन/बारीक है ।

3 – सामग्री को चुम्बकीय क्षेत्र तापानुशीतन की जरूरत है ।

4 – तापानुशीतन के पश्चात सामग्री, कम लचीली हो जाती है ।

कोर निर्माण प्रक्रिया (टिपिकल) –

एमारफास धातु के साथ टिपिकल कोर निर्माण प्रक्रिया में ये शामिल हैं –

1 – कोर वाईंडिंग

2 – कोर कटिंग

3 – कोर फोर्मिंग

4 – चुम्बकीय क्षेत्र तापानुशीतन (एनीलिंग)

अत: सामग्री के कवच के कारण विशेष कटिंग यंत्रों का प्रयोग होता है ।

निष्पत्ति लक्षण –

एमारफास कोर ट्रांसफार्मर में सीआरजीओ ट्रांसफार्मरों की तुलना में कोर क्षति लगभग 25 % होती है । जब इनका लोड लॉस (क्षति) आसन्नता, तापमान वृद्धि आदि जैसे सभी अन्य निष्पत्ति पैरामीटरों को रख कर किया जाता है, तो वे अवतरित हैं ।

सिंगल फेज तथा तीन फेज, तेल पूरित वितरण ट्रांसफार्मरों की मानक रेटिंग की नो - लोड लॉस तुलना नीचे की गई है ।

ट्रांसफार्मर (केवीए), - फेजों की संख्या, - - नो – लोड लॉस एमारफास कोर ट्रांसफार्मर (वाट), - - - नो - लोड लॉस सीआरजीओ कोर ट्रांसफार्मर (वाट)

10 केवीए, - 1, - - 10, - - - 40

15केवीए, - 1, - - 15, - - - 60

25 केवीए, - 3, - - 25, - - - 100

63 केवीए, - 3, - - 45, - - - 180
100 केवीए, - 3, - - 60, - - - 260

21

ड्राई टाइप कास्ट रेजिन ट्रांसफार्मर

ड्राई टाइप कास्ट रेजिन ट्रांसफार्मर

एक ड्राई टाइप ट्रांसफार्मर ऐसा ट्रांसफार्मर है जिसकीकोर तथा वाईंडिंग को एक विद्युतरोधी तरल में डुबोया नहीं जाता है । एक ड्राई टाइप ट्रांसफार्मर जिसकी एक या अधिक वाईंडिंग को ठोस विद्युतरोधन में एंकेपसुलेट किया जाता है को " एंकेपसूलेटिंग वाईंडिंग ड्राई – टाइप ट्रांसफार्मर " कहा जाता है, जबकि नाम एंकेपसूलेटिंग नहीं होती हैं ।

कास्टिंग क्या है ? –

ड्राई – टाइप कास्ट रेजिन ट्रांसफार्मर की विशेषता है कि वाईंडिंग के निर्माण के लिए एक धातु साँचे का प्रयोग, फीड, जेल एवं क्यूर साइक्लस के दौरान एपोक्सी का स्थित में बनाए रखने के लिए एक साँचा जरूरी है । एक निर्वात फिलिंग प्रक्रिया अनिवार्य है ताकि साँचे में फसी गैसों तथा खाली जगह बनाने को खत्म किया जा सके । अगर एक धातु के साँचे का प्रयोग नहीं किया जाता एपोक्सी चालू होगा तथा क्यूर चक्रण के दौरान बह जाएगा । इसके अलावा डिप प्रक्रिया में अति उच्च निर्वात ढलाई धातु के साँचे का प्रयोग करने की प्रक्रिया बेहतर है ।

फिल्ड सिस्टम तथा अनफिल्ड सिस्टम –

फिल्ड सिस्टम एक भरक (उदाहरण क्वार्टज़) का प्रयोग रेजिन के साथ होता है । जबकि एक अनफिल्ड प्रणाली में रेजिन के साथ ऐसा कोई भरक नहीं होता है । ट्रांसफार्मर वाईंडिंग, वाईंडिंग सिरों आदि का विद्युत रोधन उच्च रेजिन बनाए रखने की क्षमता वाले एपोक्सी से मेल खाते फाइवर आधारित सामग्री के साथ विद्युत रोधन रेजिन को किसी भरक के साथ मिश्रित नहीं किया जाता । वाईंडिंग में रेजिन भरण कैपलरी एक्शन के जरिए होता है । अनफिल्ड सिस्टम का प्रयोग करके निर्वात के अन्तर्गत कोइल ढुलाई पूर्णत: उच्च यांत्रिक बल एक समान डाई इलेक्ट्रिक ढलाई विद्युत रोधन के दौरान पर्मिटीविटी, रिक्तता मुक्त ढलाई के फलस्वरूप वस्तुत : कोई भी आंशिक निस्सरण नहीं जब इसकी तुलना अन्य

प्रणालियों से की जाए ।

अनफिल्ड सिस्टम वाईंडिंग को पूर्णत: इंप्रेग्नेशन देता है । वाईंडिंग को स्थायी रूप में फाइवर ग्लास मेट की तहों के बीच अंतत: स्थापित किया जाता है तथा नॉन वोवन और निर्वात ढुलाई अनफिल्ड सिस्टम के साथ किया जाता है । यह डिप सिस्टम या फिल्ड सिस्टम से श्रेष्ठ है क्योंकि निम्न डिप सिस्टम/फिल्ड सिस्टम में कोइल के भीतर तहों के इंप्रेग्नेशन का स्टार गहरा होता है ।

रेजिन सिस्टम –

अनफिल्ड कास्टिंग प्रक्रिया में प्रयुक्त रेजिन प्रणाली के निम्नलिखित घटक हैं –

1. एपोक्सी रेजिन– इसके गुण होते हैं – कम चिपचिपाहट, तुरन्त एवं आसानी से क्यूर होने का गुण, कम सिकुड़न, चिपकाने की जबरदस्त ताकत, उच्च यांत्रिक बल, अच्छे वैद्युत गुण - तत्व, अच्छी रसायन प्रतिरोधकता ।

2. हार्डनर – 94 % से अधिक टिपिकल रूप में एनहाईड्राइड तत्वों के साथ एक एसिड एनहाईड्राइड हार्डनर का इस्तेमाल होता है ।

3. प्लास्टिसाइजर – ढलाई में नम्यता लाने के लिए एक घुलनशील मुक्त पोली लाईकोल का प्रयोग किया जाता है । इसे सामान्यत: फ्लेबीलाइजर या प्लास्टीजर के रूप में जाना जाता है । प्लास्टिकाइजर की मात्रा का निर्णय बहुत सावधानी पूर्वक किया जाना होता है क्योंकि बड़ी मात्रा अधिक लचीली ढलाई करेगी जिसकी कम वैद्युत शक्ति होगी ।

4. एक्सीलेरेटर – प्रतिक्रिया समय में तेजी लाने के लिए एक घुलनशीलता मुक्त तृतीयक एमाइन का प्रयोग एक्सीलेरेटर के रूप में होता है ।

डिजाइन मानदंड -

कोर – कोर का निर्माण वैसा ही है जैसा ऑयल फिल्ड ट्रांसफार्मरों का निर्माण है, केवल इसमें संयोजित कोर आर्क पर एक मौसम, धूल, धूप आदि से बचाव के लिए एक जंग – रोधक पेंट लगाया जाता है ।

वाईंडिंग एवं इंसुलेशन –

कंडक्टर क्रास – सेक्टर का निर्णय क्षति पूंजीकरण तथा तापमान वृद्धि के आधार पर किया जाता है । कंडक्टर विद्युत रोधन ट्रांसफार्मर की विद्युत रोधन श्रेणी पर निर्भर करता है ।

तहों का आपसी विद्युत रोधन एपोक्सी अनुकूलन ग्लास फाइवर चाप्ड ट्रेंड मैट, पालिस्टर नान – वोवन तथा ग्लास फाइवर टेप द्वारा किया जाता है । जब वाईंडिंग का रेडियल बिल्ड – उप उच्च होता है तब ढलाई स्थायित्व तथा/अथवा ताप अंतरण के लिए डक्ट की आवश्यकता होती है । कूलिंग प्रयोजन के लिए डक्ट की मोटाई पर परिकलन संवहनकारी ताप अंतरण आवश्यकता के आधार पर किया जाता है ।

वाईंडिंग डिजाइन विपरीत जरूरतों को इष्टतम करेगा । इंटर – लेयर इंसुलेशन इसका एक उदाहरण है । अगर इंटर – लेयर इंसुलेशन को बढ़ाया जाता है विद्युत फ्रीक्वेन्सी वैद्युत तनाव कम हो जाते हैं लेकिन वितरण आवेग नान - लाइनियर हो जाता है तथा तापमान अनुपात बढ़ जाता है ।

एचवी – एलवी गैप में वैद्युत तनाव –

एचवी - एलवी गैप में एपोक्सी रेजिन तथा वायु शामिल हैं । जब वोल्टेज अंतर अथवा एचवी – एलवी अंतर अधिक होता है अन्तर की लम्बाई बढ़ जाती है तथा डाईलेक्ट्रिक बाधकों का प्रावधान किया जा सकता है ।

कोर कोइल एसेम्बली -

कोर कोइल एसेम्बली की डिजाइन शॉर्ट सर्किट के कारण असंतुलित अक्षीय बल में अवशोषण तथा शोर स्तर कम करने के लिए विचारोपरान्त बनाया जाता है । तापीय तथा शॉर्ट सर्किट तनाव सहने के लिए वाईंडिंग तथा कोर के बीच एक लचीली कपलिंग (युग्मक) की जरूरत होती है । लचीली क्लैंपिंग के स्प्रिंग लगातार ऐसे हों कि वे उन पर अनुकंपन परिस्थितियां न उत्पन्न हों ।

ताप से सुरक्षा –

पीटी – 100 जैसे प्रतिरोधक तत्वों का प्रयोग वाईंडिंग तापमान जानने के लिए तथा सिग्नल का प्रयोग संकेतन/सुरक्षा प्रयोजनों के लिए होता है । एलवी के प्रतिस्थापनों में तापमान सेंसर एलवी के भी वाईंडिंग फेज, कोर आदि में रखे जाते हैं तथा सिग्नल संकेतन/ चौकसी/सुरक्षा प्रणालियों को भेजे जाते हैं ।

एनक्लोजर्स – (अन्तः क्षेत्र) –

एनक्लोजर्स का डिजाइन अनुप्रयोग पर निर्भर करता है । अल्ट्रावायलेट किरणों से सुरक्षा के लिए बहिरंग अनुप्रयोग सुरक्षा अनिवार्य है तथा इनके लिए आईपी – 34 एनक्लोज़र का प्रयोग होता है । आई पी – 23 सुरक्षा का प्रयोग टिपिकल रूप में आन्तरिक अनुप्रयोग के लिए होता है । वेंटीलेशन डिजाइन ताप अंतरण के लिए अपेक्षित वायु प्रवाह पर विचार करके बनाया जाता है ।

ताप अंतरण –

ताप अंतरण के लिए अनेक पैरामीटरों पर विचार किया गया है जिसमें ये शामिल हैं –

कोर क्षतियां

भार (लोड) क्षतियां

कोर से एलवी तक का अन्तर

वाईंडिंग की विद्युत रोधन मोटाई

कूलिंग डक्ट की संख्या तथा डक्ट का आकार

वाईंडिंग तथा एनक्लोज़र के बीच की दूरी

वाईंडिंग तथा एनक्लोज़र की सतत उत्सर्जकता

प्रावधित धूम्रमार्ग तथा जाली का साइज

निर्माण प्रोसेसिंग –

रेजिन प्रक्रिया –

रेजिन प्रणाली के अलग घटकों को पहले पृथक बर्तनों जो तापमान नियंत्रित होते हैं तथा जिन्हें निर्वात रखा जा सकता है, में प्रोसेस किया जाता है । पूरी तरह से प्रोसेस घटकों की मापित मात्रा को तब पोजीटिव डिप्लेमेंट पम्पों से एक मिश्रण कक्ष में डाला जाता है । नियंत्रित तापमान पर मिश्रण कक्ष में निर्वात डिमेसीकरण किया जाता है ।

ढलाई –

वाईंडिंग को पहले स्टील साँचे में इकट्ठा किया जाता है तथा इन्हें पहले पूर्व – तापित किया जाता है तथा ढलाई बर्तन में डाल दिया जाता है । ढलाई बर्तन को निर्वात किया जाता है तथा इस बर्तन को पूर्व निर्धारित तापमान पर तब तक रखा जाता है जब तक वे प्रीसेट तापमान और वांछित निर्वात स्तर पर नहीं आ जाते हैं । रेजिन को साँचे के तेल पर डाला जाता है । रेजिन केबहाव को नियंत्रित किया जाता है ताकि भरण कोशिका क्रिया द्वारा हो । जब एक बार भरण पूरा हो जाता है, साँचे को क्यूरिंग ओवन में अंतरित कर दिया जाता है ।

क्यूरिंग –

क्यूरिंग इष्टम जेलिङ्ग दर प्रपट करने और एक्सो नियंत्रण के लिए की जाती है । अगर क्यूरिंग को नियंत्रित नहीं किया जाता, तो आसमान जेलिङ्ग होगी तथा सिकुड़न होगी जिसे ढलाई में दरारें आ जाएंगी ।

कास्ट रेजिन ट्रांसफार्मरों के लाभ –

नान – हाईग्रोस्कोपिंग इंसुलेशन –

ढलाई रेजिन ट्रांसफार्मर नान – हाईग्रोकोपिक हैं इसलिए ये सेवाकाल या भंडारण के दौरान नमी अवशोषित नहीं करेंगे जबकि ऑइल फिल्ड ट्रांसफार्मरों में प्रयुक्त तेल सेलुलोज विद्युत रोधन प्रणाली नमी से अधिक मिलती जुलती है तथा इसके परिणाम स्वरूप नमी का प्रवेश ऑइल फिल्ड ट्रांसफार्मर की वैद्युत शक्ति में ह्रास पैदा कर सकता है ।

नान – हाईग्रोस्कोपिक किस्म काफी लाभकारी है क्योंकि ट्रांसफार्मर को तत्काल ही चाहे वह लम्बे समय से बंद ही क्यों न रहा हो, स्विच ऑन किया जा सकता है ।

अग्नि सुरक्षा –

कास्ट रेजिन ट्रांसफार्मर गैर - ज्वलनशील हैं तथा यह अपने आस - पास अग्नि नहीं फैलाएगा या फटेगा नहीं । एक कास्ट रेजिन ट्रांसफार्मर द्वारा अपने आसपास निर्मुक्त कुल ऊष्मी विद्युत अन्य क्रिस्मों के विद्युत रोधन की तुलना से बहुत कम होता है, नीचे इस दर्शाया गया है –

विद्युत रोधन की किस्म (इंसुलेशन टाइप)

कुल सापेक्षिक ऊष्मीय मान (रिलेटिव वैल्यू ऑफ टोटल कैलोरिक वैल्यू)

मिनरल ऑइल फिल्ड ट्रांसफार्मर - 100

सिलीकोन ऑइल फिल्ड ट्रांसफार्मर - 88

सिंथेटिक लिक्विड – फिल्ड ट्रांसफार्मर - 63

कास्ट रेजिन ट्रांसफार्मर - 24

लिक्विड फिल्ड ट्रांसफार्मर में एक आन्तरिक दोष होता है यह स्वत प्रज्वलन का कारण हो सकता है क्योंकि सामहरी का तापीय अवशेष सकारात्मक होता है जबकि कास्ट रेजिन ट्रांसफार्मर का तापीय ऊर्जा अवशेष लगभग नकारात्मक होता है ।

लिक्विड फिल्ड ट्रांसफार्मर विशेषकर एस्करेल आधारित लिक्विड की अग्नि आपदा में अग्नि गैसों की विषाक्तता चिंता का कारण होती है । कास्ट रेजिन ट्रांसफार्मर के मामले में यह खतरनाक स्थिति उत्पन्न नहीं हो सकती ।

उच्च यान्त्रिक शक्ति –

कोइलों की ढलाई एपोक्सी रेजिन में होती है, जिससे यान्त्रिक शक्ति अत्यधिक होती है तथा शॉर्ट सर्किट से ट्रांसफार्मर की विफलता की कोई सम्भावना नहीं होती है ।

तरल पदार्थों की चोरी/रिसाव –

लिक्विड फिल्ड ट्रांसफार्मरों से संबंद्ध एक सामान्य समस्या है लिक्विड का क्षरण का, चोरी हो जाना इस प्रकार के ट्रांसफार्मरों में क्षरण या ऑइल चोरी का कोई प्रश्न नहीं उठता तथा न ही विफलता होती है ।

रखरखाव की जरूरत नहीं –

एक बार स्थापित कर दिए जाने के बाद कास्ट रेजिन ट्रांसफार्मरों को वस्तुत: किसी तरह के अनुरक्षण की जरूरत नहीं होती है तथा इससे उपकरण के प्रचालन/संचालन एवं अनुरक्षण/ संधारण (ऑपरेशन एंड मेंटीनेन्स) पर होने वाले खर्च की बचत होती है ।

जंग लगाने के माहौल से सुरक्षा –

कंपलीट वैक्यूम इन्प्रेगनेशन तथा प्राथमिक और द्विवतीयक (प्राइमरी और सेकेन्डरी) कोइलों के भरण से वातावरणीय प्रदूषण से बहुत अच्छी सुरक्षा मिलती है । ग्लास प्रतिबल रेजिन कास्टिंग अधिकतर आम गैसों, रसायनों आदि के लिए अप्रवेश्य है, तथा ये ट्रांसफार्मर औद्यौगिक अनुप्रयोग के लिए पूर्ण उपयुक्त हैं ।

आंशिक निस्सरण (निकालना) मुक्त –

ग्लास फाइबर प्रतिबल अनफिल्ड सिस्टम के विशेष लाभ के कारण कास्ट रेजिन ट्रांसफार्मर आंशिक रूप से निस्सरण मुक्त होते हैं ।

ग्लास प्रतिबल अनफिल्ड सिस्टम का प्रयोग करके बनाए गए कास्ट रेजिन ट्रांसफार्मर बेहतर होते हैं तथा ये प्रचालन किफायती तथा लम्बे समय तक चलते हैं । सोचे/विचारे गए लाभों के कारण ये उत्पादन केन्द्रों, ऊंचे भवनों, अस्पतालों, हवाई अड्डों, फ़ैक्टरियों तथा आवासी क्षेत्रों आदि में अनुप्रयोग (एप्लीकेशन) के लिए आदर्श रूप में अनुकूल हैं ।

22

स्टैंडड्र्स एंड लेबलिंग (एस एंड एल) - ऊर्जा संरक्षण अधिनियम (एनर्जी कंजर्वेशन एक्ट) 2001 -

स्टैंडड्र्स एंड लेबलिंग (एस एंड एल) – ऊर्जा संरक्षण अधिनियम (एनर्जी कंजर्वेशन एक्ट) 2001 -

एस एंड एल क्या है ? –

एस एंड एल = ऊर्जा कुशलता मानक तथा लेबल

ऊर्जा कुशलता मानक (एनर्जी एफीसिएनसी स्टैंडर्ड) –

विनियम है जो निर्मित उत्पादों की ऊर्जा दक्षता विनिर्धारित करते हैं, अक्सर न्यूनतम मानकों से कम कुशल उत्पादों की बिक्री का निषेध करते हैं ।

ऊर्जा कुशलता लेबल (एनर्जी एफीसिएनसी लेबल) –

निर्मित उत्पादों पर लगाए सूचनात्मक लेबल हैं जो एक उत्पाद की ऊर्जा निष्पत्ति दर्शाते हैं तथा उपभोक्ता को एक जानकारी पूर्वक क्रय निर्णय लेने के लिए आवश्यक सूचना उपलब्ध करवाते हैं ।

ऊर्जा कुशलता लेबल क्या है ? –

निर्मित उत्पादों पर लगे सूचनात्मक लेबल जो एक उत्पाद की ऊर्जा निष्पत्ति (ऊर्जा खपत, ऊर्जा कुशलता, ऊर्जा लागत, या सभी की जानकारी का वर्णन करते हैं जिससे उपभोक्ता को ख़रीदारी के लिए जानकारी मिलती है ।

लेबलों को बढ़ावा क्यों दें ? –

ऊर्जा कुशल उपकरणों की खरीद को बढ़ावा देकर त्वरित ऊर्जा संरक्षण

ऊर्जा लेबल –

ऊर्जा कुशल उपकरणों का चयन करने में उपभोक्ताओं को सहायता ।

निर्माताओं को अपने माडलों की ऊर्जा निष्पत्ति को सुधारने के लिए प्रोत्साहित करें ।

निर्माताओं के बीच प्रतिस्पर्धा सृजित हो ।

एस एल ऊर्जा कुशलता रणनीति की कुंजी (चाबी) है

मांग पक्ष प्रबन्धन में कटौती

उपभोक्ता को प्रत्यक्ष लाभ

ताप हानियों में कमी

सिद्ध ट्रैक रिकार्ड (कीर्तिमान) कि उपयोग को घटाकर अत्यधिक लागत प्रभावी उपायों से यह एक उपाय है ।

भागीदारी सफलता की कुंजी (चाबी) है ।

लेबलों की किस्म (टाइप)

पृष्ठांकन लेबल – " अनुमोदन की मोहर "कि उत्पाद (प्रोडक्ट) कुछ पूर्व विनिर्धारित मानदण्डों को पूरा करता है ।

तुलनात्मक लेबल – एक सूचित चयन करने की दृष्टि से सभी उपलब्ध माडलों के बीच ऊर्जा उपयोग की तुलना करने में उपभोक्ता सक्षम होते हैं ।

ब्यूरो ऑफ एनर्जी एफीसिएनसी ऊर्जा मंत्रालय भारत सरकार का उपक्रम है । जिसका संदेश है – ऊर्जा बचाओ, धन बचाओ, खुश रहो (सेव एनर्जी, सेव मनी, बी हेप्पी)

ट्रांसफार्मर स्टार रेटिंग –

अब ट्रांसफार्मर उत्पादकों को भी ऊर्जा दक्ष मानको का पालन करते हुए उत्पादन करना होता है । ट्रांसफार्मर स्टार रेटिंग चार्ट (तालिका) निम्नानुसार है

क्रमांक , - स्टार रेटिंग, - - स्टेंडर्ड लॉस, - - - पीटीआर लॉस

1, - 5 स्टार, - - 0.03 वाट, - - - 0.12 - 2.1 वाट

2, - 4 स्टार, - - 0.03 - 0.15 वाट, - - - 0.135 - 2.37 वाट

3, - 3 स्टार, - - 0.15 - 0.25 वाट, - - - 0.15 - 2.7 वाट

4, -2 स्टार, - - 0.35 - 0.50 वाट , - - - 0.165 - 3.0 वाट

5, - नो स्टार, - - 0.50 वाट, - - - 0.20 - 3.3 वाट

23

एचवीडीएस (हाई वोल्टेज डिस्ट्रीब्यूशन सिस्टम) उच्च वोल्टेज वितरण प्रणाली -

एचवीडीएस (हाई वोल्टेज डिस्ट्रीब्यूशन सिस्टम) उच्च वोल्टेज वितरण प्रणाली विश्व में आमतौर पर विद्युत वितरण की दो ही पद्धतियाँ प्रचलित हैं ।

निम्न वोल्टता वितरण प्रणाली (एलवीडीएस – लो वोल्टेज डिस्ट्रीब्यूशन सिस्टम) –

इस पद्धति में बड़ी क्षमता के 3 फेज ट्रांसफार्मर प्रतिष्ठापित किए जाते हैं तथा एलवी लाइनों को भार (लोड) के एक समूह (ग्रुप) की सेवा के लिए विस्तारित किया जाता है । यह व्यवस्था संकेंद्रित भारों को पूरा करने के लिए अनुकूल है, तथा भार के अनुरूप ट्रांसफार्मर की क्षमता स्थापित करते हैं । इसमे एलटी लाइन अधिक होती है ।

उच्च वोल्टता वितरण प्रणाली (एचवीडीएस – हाई वोल्टेज डिस्ट्रीब्यूशन सिस्टम) –

इस पद्धति में छोटी क्षमता के सिंगल फेज या 3 फेज ट्रांसफार्मर यथासंभव भार के निकट एक छोटे समूह (ग्रुप) के लिए लगाए जाते हैं । यह व्यवस्था दूर - दूर फैले छोटे - छोटे भार समूह के लिए उपयुक्त है इसमें एलटी लाइन कम से कम या एलटी रहित भी होते हैं ।

1. उच्च वोल्टेज वितरण प्रणाली के विभिन्न प्रकार –

फेज न्यूट्रल - एचवीडीएस (पीएन – एचवीडीएस)

फेज टू फेज – एचवीडीएस (पीपी – एचवीडीएस)

1 – 1 - फेज न्यूट्रल एचवीडीएस (पीएन – एचवीडीएस) –

इस प्रणाली के तहत उपकेन्द्र से मुख्य लाइन फेज – 4 तार (3 फेज + न्यूट्रल) तथा बाद में सिंगल फेज 2 तार लाइन या 2 फेज 3 तार लाइन अथवा 3 फेज - 4 तार लाइन भारों

(लोड) पर निर्भर करते हुए तथा भरण व्यवस्था को देखते हुए किया गया है । इस प्रणाली की विशिष्ट गुण सूची प्रणाली में न्यूट्रल उपलब्ध कराना है अर्थात नेटवर्क पर उपकेन्द्र से सभी नोडों के लिए ।

सिंगल फेज एचवीडीएस –

11 केवी सिंगल फेज लाइन (फेज न्यूट्रल) शाखा को मेन लाइन से वितरण ट्रानफ़ार्मर (6350 / 230 - 0 – 230 वॉल्ट) से विस्तारित किया गया है तथा सिंगल फेज लोड के लिए लगाया जाता है ।

3 फेज लोड के लिए 3 वैकल्पिक व्यवस्थाएं है –

- 1 - 11 केवी 2 फेज 3 तार शाखाओं को मुख्य लाइन तथा सिंगल फेज 6350 / 230 - 0 - 230 वॉल्ट, वितरण ट्रांसफार्मर की संख्या - 2 से विस्तारित करके जोड़ा जाता है । एचवी साइड पर तथा एलवी साइड पर ओपन डेल्टा पर स्टार को 3 फेज लोड के लिए जोड़ा जाता है । इस व्यवस्था में ट्रांसफार्मर बैंक की प्रभावी क्षमता की 86.6 % है अर्थात अगर 10 केवीए क्षमता के 2 ट्रांसफार्मरों का प्रयोग होता है तो अधिकतम 3 फेज लोड जिसे भारित किया जा सकता है, 17.32 केवीए होगा ।

- 2 - 11 केवी 3 फेज 4 तार लाइन विस्तृत की जाती है तथा 3 संख्या 6350 / 230 – 0 - 230 वॉल्ट, सिंगल फेज ट्रांसफार्मरों को स्टार – डेल्टा से 3 फेज - डेल्टा / स्टार वितरण ट्रांसफार्मर ट्रांसफार्मर का प्रयोग किया जाता है ।

- 3 – फेज - फेज एचवीडीएस – इस स्कीम के तहत उपकेन्द्र से मुख्य लाइन बिना न्यूट्रल के 3 फेज 3 वायर – लाइन तथा बाद में 2 फेज 2 तार लाइने होती हैं जो भार तथा भरण व्यवस्था पर निर्भर करता है ।

- 1-2 – फेज टू फेज (पीपी) पीपी - एचवीडीएस –

- इस स्कीम में उपकेंद्र से मुख्य लाइन बिना न्यूट्रल के 3 फेज 3 वायर लाइन तथा बाद में 2 फेज 2 वायर लाइने या 3 फेज 3 वायर लाइने होती हैं जो भार तथा भरण व्यवस्था पर निर्भर करती हैं ।

सिंगल फेज भार - 11 केवी सिंगल फेज 2 तार (फेज – फेज) शाखाओं को मुख्य लाइन से विस्तारित किया जाता है तथा सिंगल फेज 11 केवी / 230 - 0 - 230 वॉल्ट सिंगल फेज भार भरण के लिए सिंगल फेज वितरण ट्रांसफार्मर लगायाजाता है ।

3 फेज भार - 3 फेज भार के भरण के लिए 3 वैकल्पिक व्यवस्थाएँ की गई हैं –

1. 11 केवी 3 फेज 3 तार शाखाएं मुख्य लाइन से विस्तरित की गई तथा 2 सिंगल फेज 11 केवी / 230 – 0 - 230 वॉल्ट, वितरण ट्रांसफार्मर को 3 फेज लोड भरण के लिए वी – वी (ओपन डेल्टा – ओपन डेल्टा) से जोड़ा जाता है । इस बैंक की प्रभावी क्षमता 11 केवी 3 फेज 3 तार लाइन को विस्तरित किया जाता है तथा 3/11 केवी/230 - 0 – 230 सिंगल

फेज वितरण ट्रांसफार्मर से एचवी साइड पर डेल्टा तथा एलवी साइड पर डेल्टा से जोड़ा जाता है ।

2. 11 केवी 3 फेज 3 तार लाइन से विस्तरित की जाती है तथा 3 फेज 11 केवी/415 वॉल्ट डेल्टा स्टार वितरण ट्रांसफार्मर का फेज ग्राउंड एचवीडीएस में किया जाता है ।

यह स्कीम फेज – न्यूट्रल एचवीडीएस के साथ सभी पहलुओं में एक समान है सिवाय इसके कि वापसी मार्ग के रूप में भूमि का प्रयोग किया जाता जाता है तथा समूची प्रणाली में न्यूट्रल तार उपलब्ध नहीं कराई जाती है। एचवी साइड (जब एक से अधिक ट्रांसफार्मर का प्रयोग होता है तब हार्ट न्यूट्रल या स्टार पॉइंट ट्रांसफार्मर का प्रयोग होता है तब हार्ट न्यूट्रल या स्टार पॉइंट ट्रांसफार्मर को प्रत्येक स्थल पर ठोस रूप में भू – सम्पर्कित किया गया है तथा इसलिए भूमि को वापीसी मार्ग के रूप में प्रयोग में लाया गया है ।

इस प्रणाली को निम्नलिखित तकनीकी तथा व्यावहारिक कारणों से भारतीय परिस्थितियों के लिए अनुकूल नहीं पाया गया है –

1. भूमि को करेंट के वापसी मार्ग के रूप में उपयोग में लाया जाता है । अत: मृदा -प्रतिरोधकता या क्षेत्र की प्रतिरोधकता एक महत्वपूर्ण भूमिका अदा करती है । यह प्रणाली उन क्षेत्रों में खतरनाक हो सकती है जहां पर मृदा प्रतिरोधकता अधिक हैं ।

2. कार्मिक तथा जानवरों की सुरक्षा के लिए अच्छी गुणवत्ता वाली अर्थिंग अपेक्षित है । पद्धति के कोड में विनिर्धारित है कि वोल्टेज वृद्धि और अर्थिंग पर 20 वोल्ट से अधिक नहीं होगी अर्थात 1 वोल्ट करेंट का उत्पाद तथा आर – रजिसटेन्स (अर्थिंग प्रणाली की प्रतिरोधकता) 20 वोल्ट से अधिक नही होगी। ग्रामीण क्षेत्रों में अनेक स्थलों पर लंबे समय तक प्रभावी अर्थिंग उपलब्ध करना तथा उसका अनुरक्षण (मेंटीनेंस) सुनिश्चित करना अनेक व्यावहारिक समस्याओं का कारण बनेगी । किसी भी कारण से एक अप्रभावी या अकुशल अर्थिंग संभावित खतरा बन जाएगी तथा यह मानवों तथा जानवरों के लिए खतरनाक हो सकती है ।

3. दूर संचार लाइनों में विघ्न डालेगी ।

एलवीडीएस की तुलना में एचवीडीएस के लाभ –

एलवीडीएस की महत्वपूर्ण खामियों तथा उपाय जिनके द्वारा व्याप्त फेज – न्यूट्रल एलवीडीएस को अपनाकर स्वत: समाधान हो जाता है, वर्णन नीचे दिया गया है –

1 - लाइन क्षतियां-

एलवीडीएस – लम्बी एलवी लाइने छोटे (पतले) कंडक्टरों के कारण अधिक क्षतियां देती हैं । निम्न वोल्टता नेट वर्क ऊर्जा क्षति का ही कुल ऊर्जा का 8 से 10 % का है । अन्य शब्दों में कहा जा सकता है कि निम्न वोल्टेज नेट वर्क ऊर्जा हानि में लगभग 30 % का योगदान करता है । निम्न वोल्टता नेट वर्क में ऊर्जा हानियों के लिए अंतर्राष्ट्रीय मानदंड 1 % से 2 %

तक के हैं । इस तरह एलवीडीएस की निम्न वोल्टता नेटवर्क की हानियां अंतर्राष्ट्रीय मानदंड से 5 से 6 गुना अधिक हैं ।

एचवीडीएस – एचवी लाइन को यथा सम्भव लोड बस के निकट ले जाया जाता है तथा एक एलवी सर्विस केबिल को लोड पूरा करने के लिए डाला जाता है । जहां तक सिंगल या दो स्पान विस्तारण (डालना) करना अपेक्षित होता है तो उन्हें आगे एबी केबिलों के साथ आगे ले जाया जाता है । इस तरह एचवी नेटवर्क में लाइन क्षतियां नगण्य हैं । विद्युत की इसी मात्रा के वितरण के लिए एचवी प्रणाली की क्षति की तुलना में 1 % से कम हैं । इस तरह कुल ऊर्जा क्षतियां महत्वपूर्ण रूप से कम हो जाती हैं ।

2 - वोल्टता गिरावट (वोल्टेज ड्रॉप) –

एलवीडीएस - एलवीडीएस में वोल्टेज गिरावट बहुत अधिक है क्योंकि लाइने लम्बी हैं तथा कंडक्टर छोटे साइज के हैं, इसमें आखिरी छोर के उपभोक्ता को वोल्टता गिरावट अधिक लाइन की लम्बाई और लोड दोनों प्रभावित करते हैं । भारतीय विद्युत नियम के नियम 56 के अनुसार एलवी फीडरों पर अनुज्ञेय गिरावट 5 % की है।

एचवीडीएस - एचवीडीएस में वोल्टता गिरावट की तुलना में वितरण की इसी विद्युत मात्रा में 1 % से कम गिरावट होती है तथा यह सभी उपभोक्ता बिन्दुओं के लिए उपयुक्त वोल्टता प्रोफाइल सुनिश्चित करता है ।

3 - सिस्टम पावर फैक्टर –

एलवीडीएस -

पावर फैक्टर लोड का किलोवाट से केवीए संबंध होता है । कृषि प्रणाली की 3 फेज मोटरों में विद्युत गुणक पीएफ (पावर फैक्टर) (जो कि ग्रामीण क्षेत्रों में मुख्य भार है) 0.7 % तक कम है । यह निम्न विद्युत गुणक अधिक ऊर्जा क्षतियों के लिए महत्वपूर्ण कारक है, घटिया वोल्टेज प्रोफाइल तथा विद्युत प्रणाली की ओवर लोडिंग का कारण भी है । यद्यपि सप्लाई की शर्तों को संशोधित किया गया है तथा उपभोक्ता के लिए अनिवार्य बना दिया गया है कि वह विद्युत गुणक ठीक करने के लिए कैपेसिटर लगवाए इस लागू नहीं किया जा सकता क्योंकि मोटर बिना कैपेसिटर के भी चल सकती है तथा टैरिफ़ , सेवा के विद्युत गुणक पर आधारित नहीं है ।

एचवीडीएस –

सिंगल फेज मोटरों को सभी कृषि सेवाओं के लिए प्रयोग किया जा सकता है । सिंगल फेज मोटरों में अंतर्निहित कैपेसिटर होते है तथा उनका पीएफ 0.95 से अधिक है और लगभग एक समान है । इसके साथ – साथ मोटर बिना कैपेसिटर के चल नहीं सकती है इसलिए भार का पी एफ अधिक होता है । इस प्रकार प्रणाली विद्युत गुणक उच्च बना रहता है ।

4 - वितरण ट्रांसफार्मरों की विफलता (फैल्योर) -

एलवीडीएस -

भारत में 3 फेज वितरण ट्रांसफार्मरों की विफलता (फैल्योर) दर 15 से 20 % तक है । इस उच्च विफलता दर का मुख्य कारण है एलवी लाइन दोष तथा ट्रांसफार्मरों की क्षमता के बारे में बिना सोचे समझे लोडिंग/एलवी दोषों (फाल्ट) की बड़ी संख्या के लिए मुख्य कारणों की लम्बाई के साथ - साथ घटिया निर्माण मानक हैं । इसके अलावा लम्बे फीडरों के अंतिम सिरे पर कोई दोष (फाल्ट) हो जाने के कारण करेंट दोष होता है जो प्रचालन सुरक्षा उपकरण को चालू करने के लिए पर्याप्त नहीं होता तथा यह तंत्र पर भार प्रतीत होता है । इस तरह ये दोष ट्रांसफार्मरों की बारम्बार विफलता के कारण बनते हैं । ट्रांसफार्मरों की ओवर लोडिंग की प्रभावी जांच नहीं की जा सकती है क्योंकि यह विस्तृत क्षेत्र में फैले उपभोक्ताओं की बड़ी संख्या को सेवा देते हैं ।

एचवीडीएस –

एलवी लाइनों की लम्बाई न्यूनतम होती है । एलवी लाइनों के लिए एबी केबिलों का प्रयोग होता है क्योंकि एबी केबिल सस्ती होती है । निम्न करेंट रेटिंग पर अनावरण कंडक्टर निर्माण सस्ते पड़ते हैं । इस प्रकार एलवी लाइन दोषों के कारण ट्रांसफार्मरों की विफलता कम से कम हो जाती है । ट्रांसफार्मर को उसकी क्षमता से अधिक लोडिंग को उपभोक्ताओं द्वारा प्रभावी ढंग से बचाया जाता है क्योंकि उनकी विफलता से उनको डी जाने वाली सप्लाई पर असर पड़ेगा ।

5 – ऊर्जा चोरी –

एलवीडीएस –

ग्रामीण क्षेत्रों में कृषि क्षेत्रो तथा शहरी क्षेत्रों में कालोनियों से गुजरने वाली लम्बी एलवी लाइनों की सीधी टेपिंग द्वारा ऊर्जा चोरी हाल के वर्षों में एक खतरा बन गई है । अनुमान लगाया गया है कि पम्प सेटों के लिए विद्युत की सीधी टेपिंग से संयोजित सेवा की कुल संख्या का 25 % है । अप्राधिकृत टेपिंग मुख्यत: तंत्र पर ओवर लोडिंग के लिए जिम्मेदार है तथा इसके फलस्वरूप ट्रांसफार्मर विफल हो जाते है, ऊर्जा क्षति होती है तथा अधिक वोल्टेज गिरावट होती है ।

एचवीडीएस –

एल वी लाइनें वस्तुत: होती ही नहीं हैं तथा छोटी एलवी लाइने जो अपेक्षित होती हैं वे एबी केबिल की होती है । इन लाइनों की प्रत्यक्ष टेपिंग करना एक कठिन कार्य हो जाता है । प्रत्येक ट्रांसफार्मर 2 या 3 उपभोक्ताओं को सेवा देता है तथा उन्हें ट्रांसफार्मर अप्राधिकृत कनेकशन से बचाने के लिए जिम्मेदार बनाया जा सकता है ।

6 – एंड यूज एक्यूपमेंट एफीसिएनसी - (आखिरी उपकरण दक्षता)

एलवीडीएस –

एलवी नेटवर्क उच्च वोल्टेज गिरावट उपभोक्ता परिसर में विशेषकर कृषि पम्प सेटों के लिए निम्न वोल्टता लाती है इसके परिणामस्वरूप बड़े पैमाने पर पम्प सेट मोटरें जल जाती हैं । अनुमान है कि 2 वर्षों में एक बार मोटरों की पुन: वाईंडिंग होती है जिससे पुन: वाईडिंग

मोटरों की कुशलता में नष्ट मोटरों की तुलना में कमी हो जाती है । इसके अलावा मोटरों की कुशलता रेटिड दक्षता से कम होती है जब उन्हें रेटिड वोल्टेज से कम वोल्टेज पर प्रचालित किया जाता है । इस तरह एंड यूज उपकरण कुशलता कम हो जाती है और परिणाम यह होता है कि ऊर्जा व्यर्थ जाती है ।

एचवीडीएस –

विद्युत की इसी मात्रा के वितरण के लिए वोल्टेज ड्रॉप एलवीडीएस की गिरावट से लगभग 1 % है तथा इस तरह उपभोक्ता परिसर में मोटरों को जलने से बचाकर संतोषपूर्ण ढंग से बनाए रखा जा सकता है । एंड यूज उपकरण की कुशलता को भी काफी ऊपर रखा जाता है जिसके फलस्वरूप ऊर्जा संरक्षण के माध्यम से पर्याप्त लाभ होते हैं ।

7 – सप्लाई (आपूर्ति) की विश्वसनीयता–

एलवीडीएस –

एलवी लाइनों पर बारम्बार दोषों के कारण वितरण ट्रांसफार्मर के यूज उड़ जाते हैं या ट्रांसफार्मर विफल हो जाते हैं । परिणामस्वरूप में उपभोक्ताओं को सप्लाई में बाधा होती है । यह बाधा तब तक उप - केन्द्र प्रचालक (ऑपरेटर) के ध्यान में नहीं आती है जबतक कि उपभोक्ता द्वारा इसकी प्रभावी रिपोर्ट नहीं की जाती है । साथ ही साथ, इसकी सेवा में आने वाली उपभोक्ताओं की बड़ी संख्या के लिए सप्लाई पर प्रभाव पड़ता है । इस प्रकार विद्युत सप्लाई की विश्वसनीयता घट जाती है ।

एचवीडीएस –

एलवी लाइने छोटी तथा विद्युत रोधी होती हैं । इस कारण सभी एलवी दोषों से बची रहती हैं । एचवी लाइनों पर दोष तुरन्त प्रचालक के ध्यान में आते हैं क्योंकि उप – केन्द्र का ब्रेकर ट्रिप हो जाता है । एचवी प्रणाली की विश्वसनीयता को आसानी से सुधारा जा सकता है । इसे लाइन पर सेक्शनाइजर या ऑटो रिक्लोजर मुहैया करा कर किया जा सकता हैं ।

8 - वोल्टेज घटना – बढ़ना/उतार – चढ़ाव -

एलवीडीएस –

एलवी लाइनों पर उच्च वोल्टेज गिरावट में लोड (भार) में विचलन के साथ उपभोक्ताओं को वोल्टेज अस्थिरता का सामना करना पड़ता है । सभी आधुनिक तथा इलेक्ट्रोनिक उपकरण वोल्टेज के प्रति संवेदनशील होते हैं तथा उपभोक्ताओं को मजबूरन टिकाऊ सप्लाई मुहैया करवाने के लिए स्टेबलाइजर का प्रयोग करना पड़ता है । वोल्टेज स्टेबलाइजर प्रणाली से प्रतिकारी विद्युत को खींचते हैं जिससे तंत्र के अपसाइड पर विद्युत प्रबन्धन समस्याएँ उत्पन्न होती हैं ।

एचवीडीएस –

एलवी लाइन पर वोल्टेज गिरावट नगण्य है । उपभोक्ता परिसर तक एचवी लाइन के विस्तारण के कारण अतिरिक्त गिरावट भी नगण्य है । इस तरह वोल्टेज प्रोफाइल में काफी स्थायित्व है तथा वोल्टेज स्टेबलाइजरों की कोई आवश्यकता नहीं होती है । इसके साथ -

साथ एचवी लाइन स्वतः पर चालित वोल्टेज रेगुलेटरों के द्वारा कोई वोल्टेज अस्थिरता रोकी जा सकती है ।

3 - पीएन (फेज टू न्यूट्रल) – एचवीडीएस तथा पीपी (फेज टू फेज) - एचवीडीएस की तुलना –

पीएन – एचवीडीएस तथा पीपी एचवीडीएस के तुलनात्मक गुण तत्वों पर नीचे विचार किया जा रहा है –

-1 - सर्किट लागत – पीएन एचवीडीएस में थ्री फेज सर्किट में एक न्यूट्रल कंडक्टर की जरूरत होती है तथा लागत पीपी एचवीडीएस 3 फेज सर्किट की तुलना में अधिक होती है । तथापि, यह अतिरिक्त लागत प्रायः बहुत कम होती है क्योंकि मुख्य सर्किट का न्यूट्रल कंडक्टर फेज कंडक्टर से एक या दो साइज छोटा होता है तथा निम्न वोल्टेज इंसुलेटर पर चलता है इसके अलावा अगर एक सेकेन्डरी सर्किट सपोर्ट पर चलाया जाए, तो सेकेन्डरी सर्किट के न्यूट्रल को प्राथमिक सर्किट के लिए भी एक सांझा न्यूट्रल सर्किट के रूप में चलाया जा सकता है ।

सिंगल फेज सर्किट पीपी – एचवीडीएस के सम्बन्ध में दो एचवी इंसुलेटरों की जरूरत होती है तथा इससे सपोर्ट के साइड क्लैम्प्स पर भी चलाया जा सकता है ।

तुलनात्मक लागत सूचनांक सारणी में दिखाया गया है –

सारणी – पीएन – एचवीडीएस तथा पीपी – एचवीडीएस सर्किटों की तुलनात्मक लागत -

क्रमांक , - विवरण, - - पीएन - एचवीडीएस, - - पीपी – एचवीडीएस

1, - सांझा (कॉमन) न्यूट्रल के साथ थ्री फेज लाइन, - - 1.00 : 1.00

2, - बिना सांझा (कॉमन) न्यूट्रल के साथ थ्री फेज लाइन, - - 1.16 : 1.00

3, - सांझा (कॉमन) न्यूट्रल के साथ सिंगल फेज लाइन, - - 0.72 : 1.00

4 , - बिना सांझा (कॉमन) न्यूट्रल के साथ सिंगल फेज लाइन, - - 0.96 : 1.00

2 - सिंगल फेज लेट्रल्स के लिए सर्किट क्षमता –

पीपी एचवीडीएस के सिंगल फेज लेट्रल्स में विद्युत की इसी मात्रा के वितरण के लिए वोल्टेज गिरावट तथा विद्युत क्षतिया पीएन – एचवीडीएस की क्षतियों की तुलना में कम होती हैं । तुलनात्मक आंकड़े, अगर सिंगल फेज लेट्रल के आर तथा एक्स दोनों ही तंत्रों में एक समान हैं तथा पी एंड एचवीडीएस के मामले में 50 % करेंट प्रवाह भूमि के माध्यम से होता है । विवरण निम्नानुसार है –

सारणी – पीएन – एचवीडीएस तथा पीपी – एचवीडीएस सर्किटों की तुलनात्मक वोल्टेज गिरावट तथा विद्युत क्षतियाँ –

क्रमांक, - विवरण , - - पीएन – एचवीडीएस,, - - पीपी – एचवीडीएस

1, - वोल्टेज ड्रॉप, - - 2.25 : 1.00

2, - विद्युत क्षति, - - 1.08 : 1.00

लेकिन पीएन – एचवीडीएस में सिंगल फेज लेट्रल के आर तथा एक्स के मान कंडक्टर के एक मान साइड के लिए पी – एचवीडीएस के मान से कम हैं, क्योंकि न्यूट्रल कंडक्टर को भूमि से जोड़ा गया है तथा उसके समानान्तर रखा गया है जो की तुलनात्मक रूप में अच्छा कंडक्टर है । इनके साथ – साथ पीपी – एचवीडीएस में सिंगल फेज लेट्रल के लिए निम्न वोल्टेज ड्रॉप कुछ फायदा देती है ,विशेषकर ग्रामीण क्षेत्रों में क्योंकि कंडक्टर का न्यूनतम साइज यांत्रिक विचार के आधार पर तय किया जाता है तथा वोल्टेज गिरावट समाविष्ट लोड तथा दूरियों के लिए सर्किट की अनुमेय (परमीसीबिल) सीमाओं को पार नहीं करती ।

3 वितरण ट्रांसफार्मर की लागत –

निम्नलिखित कारणों से पीपी – एचवीडीएस में सिंगल फेज वितरण ट्रांसफार्मर की प्रतिष्ठान लागत पीएन – एचवीडीएस की लागत से अधिक है ।

1. पीपी - एचवीडीएस में उच्च बीआईएल के ट्रांसफार्मर की जरूरत होती है ।
2. पीपी – एचवीडीएस में पीएन – एचवीडीएस में 1 उच्च वोल्टेज बुशिंग की तुलना में 2 उच्च वोल्टेज बुशिंग की जरूरत होती है ।
3. पीपी – एचवीडीएस में उच्च वोल्टता रेटिंग के तरंग निरोधकों की अपेक्षा होती है ।
4. पीपी – एचवीडीएस ट्रांसफार्मर में एच वी बुशिंग के इनसुलेटरों को श्रेणीबद्ध किया जा सकता है तथा उन्हें निम्न वोल्टता विद्युत रोधन की श्रेणी में रखा जा सकता है जबकि पीपी – एचवीडीएस में ऐसा सम्भव नहीं है , परिणामस्वरूप ट्रांसफार्मर की लागत अधिक होती है ।
5. पीएन एचवीडीएस ट्रांसफार्मर को एक तरंग निरोधक (एलए – लाइटिनिंग अरेस्टर) तथा एक फ्यूज की जरूरत होती है जबकि इसकी तुलना में पीपी – एचवीडीएस को 2 निरोधकों तथा 2 फ्यूजों की जरूरत होती है ।

4 - लो वोल्टेज तंत्र ग्राउंडिंग की सुरक्षा -

पीएन – एचवीडीएस में सेकेन्डरी न्यूट्रल को पीपी एचवीडीएस के मामले की तरह ही प्रत्येक ट्रांसफार्मर की बुनियाद पर रखा जाता है तथा इसके अलावा सेकेन्डरी न्यूट्रल को एक बेक अप बुनियाद के रूप में प्राथमिक (प्राइमरी) के साथ अन्त संयोजित किया जाता है । इस व्यवस्था के कारण सेकेन्डरी न्यूट्रल की प्रतिरोधकता विशेष ट्रांसफार्मर के ग्राउंड कनैक्शन की पर्याप्ता पर निर्भर नहीं करती है तथा यह सेकेन्डरी न्यूट्रल को ग्राउंड तक निम्न प्रतिरोधकता उपलब्ध करवाता है क्योंकि प्राथमिक (प्राइमरी) न्यूट्रल बहु बुनियादी होता है ।

सेकेन्डरी न्यूट्रल की ग्राउंड तक निम्न प्रतिरोधकता सेकेन्डरी प्रणाली फेज से भूमि तक शक्य वृद्धि को परिसीमित करती है, प्राथमिक फेज तथा सेकेन्डरी प्रणाली के बीच अगर कोई शॉर्ट सर्किट घटना घटती है । एक वितरण ट्रांसफार्मर या अगर एक प्राथमिक

कंडक्टर जो ओवरहेड सिस्टम एक सेकेन्डरी कंडक्टर के साथ सम्पर्क करता है, विद्युत रोधक विफलता के कारण ऐसे दोष हो सकते हैं ।

पीएन – एचवीडीएस ग्राउंड के लिए निम्न प्रतिरोधकता के कारण ट्रांसफार्मर प्राइमरी फ्यूज में उच्च करंट के फलस्वरूप उच्च निम्न दोष हो सकते हैं तथा दोषों का शीर्ष निवारण किया जा सकता है । अगर किसी फेज से ग्राउंड तक सेकेन्डरी में अधिक वोल्टेज घटती है, वह अल्पकालिक होगी । इसके विपरीत, पीपी – एचवीडीएस में एक उच्च निम्न दोष के फलस्वरूप प्राइमरी फ्यूज के लिए पर्याप्त करंट नहीं हो सकता है क्योंकि ग्राउन्ड में उच्च प्रतिरोधकता होती है तथा यह खतरनाक रूप में सेकेन्डरी फेज से ग्राउन्ड तक बनाए रखे रख सकता है ।

5 – सिंगल फेज सर्किट में फेरो रेजोनेन्स –

पीपी – एचवीडीएस में सिंगल फेज सर्किट में फेरो रेजोनेन्स, विशेषकर वर्णित प्रचालन परिस्थिति के तहत आवरित केबिलों में घट सकती है । वितरण ट्रांसफार्मर, फेज से ग्राउन्ड कैपेसिटर के जरिए ऊर्जायित (चार्ज) हो जाते हैं अगर ट्रांसफार्मर में कम भार (लोड) या बिना भार के होगा तो ओपन फेज तथा फेरो रेजोनेन्स घट सकती है । यह घटना घटती है या नहीं घटती है यह अनेक घटकों पर निर्भर करती है । पीपी – एचवीडीएस में सिंगल फेज लेट्रल स्विचन या अन्य प्रचालन के कारण फेरो रेजोनेन्स की कोई संभावना नहीं है । फेरों रेजों नेंस की घटना से बचना चाहिए क्योंकि सम्बद्ध अति वोल्टेज वितरण ट्रांसफार्मरों, केबिलों, स्विचों तथा तरंग निरोधकों में विद्युत रोधन विफलताओं के कारण बन सकती हैं ।

6 – लोड बेलेंसिंग तथा ग्राउन्ड फाल्ट रिलेइंग –

पीएन – एचवीडीएस में उपकेंद्र में 3 फेज फीडर में जीरो सिक्यूऐन्स या अवशेष करंट अधिक हो सकता है । उपकेंद्र ग्राउन्ड रिले पिक अप में तेजी लानी पड़ती है । इस तरह का यह अनुप्रवाह न केवल सुरक्षा उपकरणों का समुन्नयन करता है, बल्कि असन्तुलित न्यूट्रल करंट के लिए पर्याप्त गुंजाइश का प्रावधान भी करता है । व्यापक रूप में अपनाई गई प्रक्रिया है कि ओवर करंट रिले पिक अप को 50 % पर निर्धारित किया जाए । तथापि, असन्तुलित करंट को मौसमी पीक (शीर्ष), मासिक पीक, फीडर पर फेजवार लोड के यदा – कदा जांच द्वारा मॉनीटर करके सरलता से नियंत्रित किया जा सकता है । पीपी – एचवीडीएस में उपकेंद्र में भार, डेल्टा में प्रणाली के प्रचालन के कारण स्वतः ही संतुलित हो जाता है ।

7 – टेलीफोन सर्किट में बाधा – पी एन – एचवीडीएस में जारी सिक्यूएन्स हारमोनिक करंट का प्रवाह स्रोत तक न्यूट्रल कंडक्टर में अंशतः तथा भूमि में अंशतः होता है । इस प्रकार संचार सर्किटों में देशानतर हारमोनिक वोल्टताएँ प्रेरित हो सकती हैं, विशेषकर जब टेलीफोन प्रणाली एक वापसी मार्ग के लिए ग्राउन्ड का प्रयोग करती है । लेकिन व्यवहार में टेलीफोन लाइनों के लिए वापसी मार्ग के रूप में धरा का प्रयोग नहीं होता है तथा टेलीफोन बाधा की समस्या यूटिलिटियों के सामने नहीं आई है ।

8 – सर्ज अरेस्टर कास्ट - पीपी – एचवीडीएस में सर्ज अरेस्टरों की वोल्टता रेटिंग पीएन - एचवीडीएस में प्रयुक्त अरेस्टरों से अधिक होती है । उच्च वोल्टता रेटिंग के लिए योगदान देने वाले 2 गुणक ये हैं –

- पीपी – एचवीडीएस की जीरो सिक्यूएन्स रिएकटेन्स पोजीतिव सिक्यूएन्स रिएकटेन्स का अनुपात टिपिकली लगभग 50 % पीपी – एचवीडीएस की तुलना में अधिक है ।
- ग्राउन्ड फाल्ट के दौरान फाल्ट फेज में फेज टू न्यूट्रल कनेक्टिड वितरण ट्रांसफार्मर तथा पीएन – एचवीडीएस का लोड वोल्टेज वृद्धि रोकने में सहायक होते हैं ।
- निष्कर्ष रूप में, पीएन – एचवीडीएस विन्यास को इसके अनेक लाभों की दृष्टि में रखते हुए अपनाने की संस्तुति की जाती है ।

24

ट्रान्सफार्मर ऑइल गुण

ट्रान्सफार्मर ऑइल गुण

नया तेल – आई एस – 335 मानक की अपेक्षाओं का अनुपालन करने वाले अप्रयुक्त तेल को एक – दूसरे के अनुकूल विचारा गया है तथा इसे किसी भी अनुपात में मिश्रित किया जा सकता है । हालाकि, यह प्रावधान निषिद्ध तेलों पर लागू नहीं होता है । प्रयुक्त तेल मिश्रित नहीं है । नये तेल को मेक – अप के रूप में प्रयुक्त किया जाए, जो लगभग 10 % से अधिक न हो ।

आई एस – 335 विनिर्दिष्ट करता है कि एंटी – ऑक्सीडेंट से मुक्त प्रयुक्त अनिषिद्ध तेल की आवश्यकताएँ योगात्मक हैं, जो बहुल मात्रा में वितरित किया जाता है जैसे कि टैंक वैंगन और रोड टैंकर या ड्रम, निमज्जन के लिए उपयुक्त अथवा ट्रान्सफार्मरों, स्विचगियरों तथा अन्य कुछ वैद्युत उपकरणों को भरने के लिए जिनमें यह ऊष्मा – रोधक के रूप में या ताप अंतरण के लिए आदि ।

लक्षण –

तेल के लक्षणों के लिए, जब यह सैम्पल किया जाए और तदनुसार परखा जाए, निमन्वत सारणी में निर्दिष्ट अपेक्षाओं का पालन किया जाए –

क्रमांक, - अभिलक्षण, - - आई एस 335

1, - दिखावट – तेल के एक प्रदर्शक नमूने को 27 डिग्री सेल्सियस पर 100 – एमएम मोटी परत पर जांचा जाए

तैरते पदार्थ या तलछटों से मुक्त स्पष्ट पारदर्शी

2, - 27 डिग्री सेल्सियस जी/सीएम 3 (अधिकतम) पर घनत्व, - - 0.89

3, - 27 डिग्री सेल्सियस (अधिकतम) पर काइनोमेटिक विस्कोसिटी, सीएसटी, - - 27

4, - 27 डिग्री सेल्सियस (न्यूनतम) पर इन्टरफेशियल टेंशन, न्यूटन/एम, - - 0.04

5, - 0 डिग्री सेल्सियस (न्यूनतम) पर फ्लेश प्वाइंट, पेन्सकी – मार्टिन (क्लोज), - -

140

6, - 0 डिग्री (अधिकतम) पोर प्वाइंट , - - 6

7, - न्यूट्रलाइजेशन वैल्यू - कुल एसिडिटी, एमजी केओएच/जीएम (अधिकतम), - - 0.03

8, - इनोर्गेनिक एसिडिटी/अल्कालिनिटी-

न्यू अनफिल्टर्ड ऑइल (न्यूनतम), - - 30

फिल्ट्रेशन उपरांत (न्यूनतम), - - 60

9 , - डाइलेक्ट्रिक डिस्सीपेशन कारक (टेन डेल्टा) दर 90 डिग्री सेल्सियस (अधिकतम), - - 0.002

10, - विशिष्ट प्रतिरोध (प्रतिरोधात्कता) ओएचएम – सीएम,

- 90 डिग्री सेल्सियस (न्यूनतम), - 35 x 1012,

- 27 डिग्री सेल्सियस (न्यूनतम), - 1500 x 1012

11, - ओक्सीडेशन स्टेबिलिटी आईएस 335 के परिशिष्ट बी के अनुसार,

164 घंटे के लिए ओक्सीडेशन उपरांत तटस्थीकरण मूल्य दर 100 डिग्री सेल्सियस एमजी केओएच/जीएम (अधिकतम), - 0.04,

कुल स्लज, 164 घंटे दर 100 डिग्री सेल्सियस वेट %, (अधिकतम), - 0.1

12, - एक्सीलरेटेड एजिंग उपरांत एजिंग लक्षण,

- 27 डिग्री सेल्सियस पर विनिर्दिष्ट प्रतिरोध, 2.5 x 1012 ओएचएमएस – सीएम (न्यूनतम),

90 डिग्री सेल्सियस पर विनिर्दिष्ट प्रतिरोध, 0.2 x 1012 ओएचएमएस – सीएम (न्यूनतम),

डाइलेक्ट्रिक डिस्सीपेशन कारक (टेन) दर 90 डिग्री सेल्सियस , - 0.2 (अधिकतम)

कुल एसिडिटी, - 0.05 एमजी केओएच जी/जीएम (अधिकतम)

कुल स्लज, - 0.05 % वजन द्वारा (अधिकतम)

वाटर कंटेन्ट, - 50 पीपीएम

तेल में एंटी – ऑक्सीडेंट एसिडिटी हो

महत्वपूर्ण लक्षणों की सार्थकता –

1. धूल के कणों, नमी और अशुद्धता से स्वतन्त्रता ताजे तेल का रंग स्वच्छ पीला होता है । गहरा रंग होना या धुंधला दिखाई देना, उसकी खराबी को दर्शाता है । तेल में तैरते हुए कणों, घुलनशील, एसिडों और बेसेस (अम्ल एवं क्षार) सक्रिय या कालोलाइडल कार्बन से मुक्त होना चाहिए । ये अशुद्धताएँ उसकी डाइलेक्ट्रिक शक्ति घटाती हैं । तेल में नमी आंतरिक फ्लैश ओवर का कारण है ।

2. लसीलापन (विस्कोसिटी) – लसीलापन अस्थिरता को इंगत करता है । निम्न लसीलेपन के तेल में अधिक तरलता होती है जो कूलिंग में सुधार करता है । निम्न तापमान पर लसीलापन तेजी से बढ़ता है तथा परिचालन की दर कम

करता है । अत: लसीलेपन को विभिन्न तापमानों पर मापा जाए ।

3. फ्लैश प्वाइंट – यह तापमान है जिस पर तेल के द्वारा दहनशील गैसें इस मात्रा में उत्सर्जित होती हैं कि उनके जल उठाने की संभावना रहती है । उच्च फ्लैश प्वाइंट (145 डिग्री सेल्सियस) को वरीयता दी जाती है । 135 डिग्री सेल्सियस से कम फ्लैश प्वाइंट पर तेल पूरे लोड पर तेजी से वाष्पित होगा, लसीलापन बढ़ेगा तथा कुल मात्रा में कमी होगी ।

4. बहाव प्वाइंट – इस तापमान पर तेल सिर्फ बहाना शुरू कर देता है और इसका महत्व ठंडे देशों में ही है ।

5. विद्युत शक्ति या ब्रेक डाउन वोल्टेज – यह एक वोल्टता है जो विशिष्ट आकार के और एक – दूसरे से निश्चित दूरी पर रखे हुए दो इलेक्ट्रोडस के बीच तेल में फ्लैश ओवर प्राप्त करने के लिए अपेक्षित है । यह कणों से नमी, आर्गेनिक एसिड और अन्य इलेक्ट्रोलाइटस से शुद्धता का एक संकेतक है ।

6. प्रतिरोध – एजिंग के विरुद्ध प्रतिरोध तेल की एक योग्यता है ताकि अपने गुणों को ऊष्मा – रोधी के रूप में और कुलिंग माध्यम से दीर्घकालीन अवधि तक बनाए रख सके । एजिंग के कारण, आक्सीडेशन प्रक्रिया में वृद्धि होती है, तेल का रंग गहरा होता है, एसिडिटी बढ़ती है तथा अंतत: अविलेय स्लज (कीचड़) तेल को हानि पहुंचाना शुरू कर देता है ।

पैकिंग – तेल की सुपुर्दगी 200 से 210 लीटर की क्षमता वाले स्टील के ड्रमों में की जाए । ड्रमों को प्रभावी रूप से सीलबंद किया जाए ताकि उसमें नमी न घुसे । तेल को टैंक कारों, वैगनों, जोकि नमी से बचाव के लिए समुचित रूप से सीलबंद हों, में डिलीवर किया जाए ।

तेल का बिगड़ना (खराब होना) -

ऊष्मारोधी तेल में खराबी साधारणतया आक्सीडेशन, विशेषकर उच्च तापमान संचालन की दीर्घकालिक स्थितियों में, के कारण होती है । यदि तापमान को 75 डिग्री सेल्सियस से अधिक बढ़ने दिया जाता है तो एसिड और स्लज संरूपण की दर पर्याप्त रूप से बढ़ जाती है । अनुभव बताता है कि 75 डिग्री सेल्सियस से ऊपर तेल के तापमान में प्रत्येक 8 से 10 डिग्री सेल्सियस बढ़ोतरी में रासायनिक अभिक्रिया की दर दो गुना हो जाती है । इसलिए, खराबी की दर उपकरण निर्माता के डिजाइन तथा परिचालन स्थितियों, विशेषकर भार चक्र, परिवेशी तापमान और अन्य वायुमंडलीय परिस्थितियों के द्वारा प्रभावित होती हैं ।

सेवा में चल रहे ट्रांसफार्मर से सैम्पल लेना -

इन्हें हल्के भार के अन्तर्गत अथवा नो - लोड स्थितियों में लेना उपयुक्त रहता है । ट्रांसफार्मर से तेल का नमूना तेल के गर्म रहने के दौरान लेना चाहिए ।

साइट से सैम्पल लेने से पहले, यह आवश्यक है कि आउट लेट की पूर्णतया साफ सफाई की गई हो । आउट लेट को तेल की पर्याप्त मात्रा डालकर फ्लश कर दिया जाना चाहिए ।

तेल ड्रमों से सैम्पल लेना –

तेल ड्रम से सैम्पल लेने से पूर्व, ड्रम को कम से कम 24 घंटे के लिए ऊपर की ओर ऊर्ध्वाकार खड़ा कर देना चाहिए । काँच अथवा पीतल की साफ लम्बीट्यूब, जो ड्रम के निचले भाग से 15 मिलीमीटर के अन्तर्गत पहुँच जाए, को ड्रम में डाला जाए तथा उसके ऊपरी हिस्से को अंगूठे से दबाकर पकड़े रहें । तत्पश्चात, अंगूठे को हटाकर तेल ट्यूब के निचले तल में प्रविष्ट होने दें । पहले दो नमूनों को फेंक देना चाहिए । उसके बाद, नमूनों को एक उपयुक्त धानी में डाल देना चाहिए ।

सैम्पल का निरीक्षण –

तेल का प्रत्यक्ष निरीक्षण निम्नलिखित जानकारी देता है –

धुंधलापन – यह नमी तलछटों अथवा आक्साइड या स्लज जैसे एलीमेंट्स के कारण होता है । इसे क्रैकल टेस्ट के द्वारा पता किया जा सकता है । कैकल टेस्ट में तेल को एक वर्तन में रख कर उसे गर्म किया जाता है, तेल गर्म होने पर चट – चट की आवाज करता है तो तेल में पानी अथवा अन्य तरल पदार्थ उसमें सम्मलित हैं यह ऐसा होता है जैसे घरों में सब्जी पकाते समय तेल में पानी से साफ की हुई सब्जी डालते हैं तब वह चट – चट की आवाज करता है । यदि तेल गर्म होते समय कोई आवाज नहीं करता है तो तेल ठीक माना जाता है ।

एसिड की दुर्गंध – यह वोलाटाइल एसिडों के उपस्थिति को इंगित करता है ।

रंग – यह रंग के स्टार को इंगित करता है – उदाहरणार्थ –

फीका पीला रंग – अच्छा तेल

पीला रंग – प्रोपोजीशन 'ए' तेल

चमकदार पीला – मार्जिनल तेल

भूरा रंग – बहुत खराब तेल

गहरा भूरा रंग – अत्यन्त खराब तेल

काला रंग – अनर्थकारी स्थिति (हानिकर) फेंकने योग्य

गहरा भूरा रंग डामर का धौला होना इंगित करता है और हरा रंग कॉपर कम्पाउन्ड की उपस्थिति को दर्शाता है ।

निम्नलिखित संदूषणों का पता जांच करके लगाया जा सकता है –

जल – कार्ल फिश्चर विधि

सेडिमेंट एवं स्लज – आई एस 1866 के अनुसार रासायनिक विश्लेषण

एसिड – तटस्थीकरण मूल्य

पोलर पदार्थ – डाइलेक्ट्रिक डिस्सीपेशन कारक के मूल्यों का गिरना

विशिष्ट प्रतिरोध तथा अंतरजातीय तनाव (इंटरफेसियल टेंशन)

द्रवीभूत गैसें – गैस क्रोमोटोग्राफी

द्रवीभूत हाइड्रोकार्बन – फ्लैश प्वाइंट जांच

नए विद्युत ट्रांसफार्मर में भरे खनिज तेलों के लिए संस्तुत परिसीमाएँ –

विशेषता, - उपकरण की उच्चतम वोल्टेज (केवी) , 72.5 वोल्ट से कम, - उपकरण की उच्चतम वोल्टेज (केवी), 72.5 से 170 वोल्ट, - - - उपकरण की उच्चतम वोल्टेज (केवी), 170 वोल्ट से अधिक

दिखावट – तलछट और कणों से स्पष्टत : मुक्त

घनत्व दर 29.5 डिग्री सेल्सियस (जी/सीसी) अधिकतम, - 0.89, - - 0.89, - - - 0.89

लसीलापन दर 27 डिग्री सेल्सियस , अधिकतम फ्लैश प्वाइंट 0 डिग्री सेल्सियस न्यूनतम, - 27, - - 27, - - 27

बहाव प्वाइंट 0 डिग्री सेल्सिययस अधिकतम, - 140, - - 140, - - 140

तटस्थीकरण मूल्य (एमजी केओएच/जी) अधिकतम, - (- 6), - - (- 6), - - - (- 6)

इंटरफेशियल टेंशन एमएम/एन न्यूनतम, - 20, - - 15, - - - 10

डाइलेक्ट्रिक डिस्सीपेशन कारक, 90 डिग्री दर 40 से 60 एचज़ेड अधिकतम, - 0.015, - -0.015, - - - 0.015

90 डिग्री सेल्सियस, सीओएचएम – सीएम न्यूनतम पर प्रतिरोधकता, - 6 x 1012, - 6 x 1012, 6 x 1012

ब्रेक डाउन वोल्टाज़ केवी न्यूनतम, - 40, - - 50, - - - 60

अनिरुद्ध तेल की आक्सीडेशन स्थिरता , तटस्थीकरण मूल्य (एमजी केओएच/जी) अधिकतम, - 0.4, - - 0.4, - - -0.4

मास (वजन) द्वारा स्लज (कीचड़) % अधिकतम, - 0.1, - - 0.1 - - 0.1

अनिरुद्ध तेल की आक्सीडेशन स्थिरता, - भरने से पहले समान मूल्य, - - भरने से पहले समान मूल्य, - - भरने से पहले समान मूल्य

25

11 केवी/433 वोल्ट वितरण ट्रांसफार्मरों का इरेक्शन (उत्थापन), टेस्टिंग (परीक्षण) तथा कमीशनिंग (स्थापना)

11 केवी/433 वोल्ट वितरण ट्रांसफार्मरों का इरेक्शन (उत्थापन), टेस्टिंग (परीक्षण) तथा कमीशनिंग (स्थापना)

निर्माताओं के यहा से श्री फेज वितरण ट्रान्सफार्मर बिलकुल सूखे, वेकयुम में भरे हुए, एसेम्बल किए हुए अथवा तेल से भरे हुए भेजे जाते हैं । कई बार तो भेजे जाने से पहले रुटेन टेस्ट भी हो चुके होते हैं और वे संतोषजनक पाये जाने पर ही भेजे जाते हैं । क्षेत्रीय भंडार (स्टोर) से इस्तेमाल होने वाली जहह पर ट्रकों/पिकअपों पर लादकर पहुँचते हैं तो उन्हें क्रेनों के जरिए उतारा जाता है । साइट पर ट्रांसफार्मरों को जल्दी से जल्दी लगाना (स्थापित) होता है । साइट पर जब ट्रान्सफार्मर पहुँचते हैं तो नजर मारकर देखा जाता है कि उनमें तेल लीक तो नहीं हो रहा है, टैंक पर कोई डेंट तो नहीं पड़ा है, कुलिंग ट्यूब/रेडिएटर ठीक ठाक हैं, एचवी/एलवी/न्यूट्रल बुशिंग ठीक ठाक हैं और अगर किसी तरह का नुकसान नजर में आता है तो उसकी जानकारी स्टोर/निर्माता और बीमा कंपनी को तुरन्त दी जाती है ।

ट्रान्सफार्मर जब स्टोर में प्राप्त किए जाते हैं तो आमतौर पर आईआर वैल्यू, वाईडिंग कंटीन्युटी टेस्ट और रेशों की जांच की जाती है तथा एलवी साइड पर 433 वोल्ट लगाकर देखा जाता है ।

अगर जांच के दौरान कोई गड़बड़ी/खराबी पायी जाती है तो इसकी सूचना निर्माता को तुरन्त दी जाती है । ट्रान्सफार्मरों को ट्रक/पिकअप पर चढ़ाते या उतारते समय देखा जाता है कि उसमें टैंक के पास उठाने के यंत्र का इस्तेमाल हो रहा है । किसी हालत में टॉप कवर वाले हुक/लग्स का इस्तेमाल नहीं किया जाना चाहिए । आजकल देखा गया है कि ट्रान्सफार्मरों को प्लिंथ (चबूतरा) पर किसी 11 केवी पोल के पास खड़ा करने के लिए एयर ब्रेक ड्रॉप आउट फ्यूज, लाइटिनिंग अरेस्टर्स और केबिल कनेकशन फिट कर दिए जाते हैं यह विशेषकर बड़ी क्षमता वाले ट्रान्सफार्मरों के लिए करते हैं । बड़े शहरों में यह सुविधा उपलब्ध होती है और इरेक्शन में चलते फिरते क्रेन/विभागीय क्रेन का उपयोग किया जाता है । लेकिन ग्रामीण क्षेत्रों और दुर्गम इलाकों में ट्रांसफार्मरों के इरेक्शन में डेरीक पोल और चेनपुली वाले ब्लाकों का इस्तेमाल होता है । जहां कहीं भी डबल पोल ढांचे (स्ट्रक्चर) मौजूद होते हैं, वहाँ ट्रांसफार्मरों का इरेक्शन चेनपुली ब्लाकों की मदद से डीपी (डबल पोल) स्ट्रक्चर के टॉप पर और आने वाली 11 केवी लाइन पर लाइन क्लीयरेन्स (लाइन परमिट) लेकर किया जाता है । इरेक्शन से पहले यह सुनिश्चित कर लिया जाना चाहिए कि प्लिंथ/ढांचा लेबल कर लिया गया है । एबी स्विच माउंटिंग स्ट्रक्चर, आपरेटिंग हैंडल और एलए के सभी अर्थ प्वाइंट अर्थ से जोड़ दिए जाने चाहिए ।

ट्रान्सफार्मर की स्थापना (कमीशनिंग) से पहले साइट टेस्ट किए जाते हैं –

1. अगर 11 केवी लाइन है तो इंस्यूलेशन रेजिस्टेंस टेस्ट किया जाएगा जिसमें एलवी वाईंडिंग के लिए 500 वोल्ट मेगर और एचवी वाईंडिंग के लिए 100 वोल्ट मेगर प्रयोग किया जाएगा ।
2. बीडीवी (ब्रेक डाउन वोल्टेज) के लिए रेशो और ऑइल सैंपल टेस्ट साइट पर पहुंचाने से पहले किए जाने चाहिए ।
3. एक बिलकुल सही माइक्रो ओम मीटर का इस्तेमाल करते हुए वाईंडिंग कंटीन्युटी (निरन्तरता) टेस्ट
4. अर्थ रजिसटेन्स की जांच संतोषजनक मूल्यों (5 ओम से कम) द्वारा की जाती है ।

ट्रान्सफार्मर बॉडी दो स्थानों पर साफ साफ दो अर्थ इलेक्ट्रोड से जुड़ी होती है । इनकी जांच कर लेनी चाहिए कि वह जोड़ टाइट है । इसके साथ ही एलए (लाइटिनिंग अरेस्टर) की अर्थिंग और न्यूट्रल अर्थिंग भी डबल अलग अलग पिट (गड्डे) में हो, इसकी भी जांच कर लें, इस प्रकार एक ट्रान्सफार्मर अर्थिंग के लिए तीन गड्डे इस्तेमाल होते हैं । अन्य सभी उपकरण अर्थिंग ट्रान्सफार्मर बॉडी अर्थिंग वाले पिट में ही करते है । यह भी जांच की जाने चाहिए कि बॉडी और बुशिंग साफ हैं, हॉर्न गैप फ्यूज सही आकार के लगे हैं और सेक्शनल फ्यूज सुनिश्चित हैं । पहली बार एनार्जाइज़ (ऊर्जित) करते समय एलटी फ्यूज हटा दिए जाते है, केवल नो लोड पर ट्रान्सफार्मर चार्ज (ऊर्जित) करते है । यह सुनिश्चित करने के

बाद कि सभी टेस्ट और जांच संतोषजनक है 11 केवी एबी स्विच बंद (लगा) कर दिया जाता जाता है । यह भी सुनिश्चित कर लेना चाहिए कि सभी तीन ब्लेडें ठीक ठाक बंद (लग) हो गई हैं । ट्रान्सफार्मर एनार्जाइज़ करने के बाद उसकी आवाज पर ध्यान दिया जाता है । यह देखने के लिए कि ऑफ लोड चेंजर से बैलेंस वैल्यू ठीक से जुड़ गयी हैं और सही फ्यूज और एलटी सर्किट के जरिए ट्रान्सफार्मर पर लोड ले लिया जाता है । एलटी फेज टू फेज और फेज टू न्यूट्रल की चेकिंग की जाती है ।

26

वितरण - ट्रांसफार्मर का संस्थापन (लगाना)

वितरण – ट्रांसफार्मर का संस्थापन (लगाना)

- कहां पर किस साइज/क्षमता का ट्रांसफार्मर लगाया जाएगा, यह इस बात पर निर्भर करता है कि वहां कनेक्टिड लोड/संयोजित भार कितना है ।
- फिर भी ग्राम विद्युतीकरण निर्माण कार्य में 16, 25, 63 और 100 केवीए क्षमता के ट्रांसफार्मरों का इस्तेमाल किया जाता है । जिसके मानक आरईसी (रूरल इलेक्ट्रिफिकेशन कॉर्पोरेशन – ग्रामीण विद्युतीकरण निगम) ने तय कर दिए हैं ।
- शहरी क्षेत्र में भी लोड/भार अनुसार 25, 63, 100, 200, 315 और 500 केवीए क्षमता के ट्रांसफार्मर लगाए जाते हैं ।
- उपकेंद्र की संरचना – वितरण सब – स्टेशन की संरचना आरईसी निर्माण मानक एफ - 1 से एफ - 4 के अनुरूप हो, उपकरणों की अर्थिंग आरईसी निर्माण मानक एफ - 5 के अनुरूप हो ।

ट्रांसफार्मर की क्षमता -

प्रस्तावित अथवा संयोजित भार और भविष्य की मांग के अनुरूप ही ट्रांसफार्मर की क्षमता निर्धारित की जाती है । उपभोक्ता की मांग दो प्रकार की होती है । एक – उसका कनेक्शन भार (लोड) कितने किलोवाट का है, दूसरे उपभोक्ता कितने अश्व शक्ति (हॉर्स पावर – एचपी) का कनेक्शन ले रहा है । परन्तु ट्रांसफार्मर की क्षमता केवीए में होती है । इन तीनो का आपसी सम्बन्ध जानना बहुत जरुरी है। एक अश्व शक्ति (एक हॉर्स पावर – एक एचपी) 746 वाट (0.746 किलोवाट) के बराबर होता है । इससे हॉर्स पावर से किलोवाट अथवा किलोवाट से हॉर्स पावर बना लेते है । इससे प्रस्तावित भार (लोड) की जानकारी हो जाती है । फिर भी इससे केवीए जानकारी कैसे बनाएं यह प्रश्न आता है । इसके लिए हम

जानते हैं कि केवीए x कोस फाई (पावर फेक्टर) = किलोवाट होता है । थोड़ी देर के लिए हम कोस फाई का मान 0.746 मान लें जबकि अधिकतर यह मान 0.8 होता है । तब एक केवीए के लिए 1x (0.746) = 0.746 किलोवाट = 1 एचपी (हॉर्स पावर) । इससे यह अर्थ निकला कि यदि पावर फेक्टर यदि (0.746) हो तो केवीए और हॉर्स पावर बराबर होते हैं । इस तरह से किलोवाट या हॉर्स पावर से केवीए बना लेते हैं और ट्रांसफार्मर की क्षमता बन जाती है ।

उदाहरण – एक गांव में एक आटा चक्की 10 अश्व शक्ति (10 एचपी) तथा 5 घरेलू कनेक्शन (प्रत्येक 2 किलोवाट) लेते हैं तब कितने केवीए क्षमता का ट्रांसफार्मर लगाना होगा । कुल प्रस्तावित लोड 10 एचपी और 10 किलोवाट हुआ । अब दोनों को एचपी बनाते हैं, तब 10 किलोवाट के एचपी हुए (10/0.746) = 13.4 एचपी तब कुल एचपी लोड हुआ (10+13.4 = 23.4) 23.4 एचपी के लिए 23.4 केवीए का ट्रांसफार्मर चाहिए, ट्रांसफार्मर 16, 25, 63 और 100 केवीए के होते हैं । अत: 25 केवीए का ट्रांसफार्मर का चयन करेंगे, यदि वहां शीघ्र ही कुछ और कनेक्शन आने वाले हैं तब 63 केवीए प्रस्तावित करेंगे । यहां दो तरह से हो सकता है पहले 25 केवीए का ट्रांसफार्मर तथा लोड बढ़ने पर ट्रांसफार्मर क्षमता वृद्धि 25 से 63 केवीए करेंगे अथवा पहले ही 63 केवीए स्थापित करेंगे ।

नोट – हमेशा याद रखें कि सामान्यत: एचपी और केवीए बराबर होते हैं ।

27

ट्रांसफार्मर संस्थापन – स्थल/साइट चुनाव

ट्रांसफार्मर संस्थापन – स्थल/साइट चुनाव

- वितरण सब – स्टेशन की साइट चुनते समय निम्नलिखित मुख्य बातों का ध्यान रखना चाहिए –
- 1- ट्रांसफार्मर लोड/भार सेंटर के ज्यादा से ज्यादा नजदीक/पास हो ।
- 2- ट्रांसफार्मर बाधाओं से ज्यादा से ज्यादा दूर होना चाहिए ताकि एचटी ओवरहेड लाइनें सुरक्षित रहें ।
- 3- जहां तक हो सके यह साइट सड़क से पहुँच के अंदर होनी चाहिए ताकि आसानी से उपकरण वहां पहुंचाये जा सकें ।
- 4- यह स्थान दूर से दिखाई दे और आसानी से वहां पहुंचा जा सके ताकि शरारती तत्व चोरी न कर सकें ।
- उपकेंद्र की संरचना –
- वितरण सब – स्टेशन की संरचना आरईसी (ग्रामीण विद्युतीकरण निगम) निर्माण मानक एफ - 1 से एफ - 4 के अनुरूप हो ।
- उपकरणों की अर्थिंग आरईसी निर्माण मानक एफ - 5 के अनुरूप हो ।

28

ट्रांसफार्मर - परिवहन और चढ़ाना - उतारना

ट्रांसफार्मर - परिवहन और चढ़ाना - उतारना

- ट्रांसफार्मरों को इसी काम के लिए बनाए गए लग्स या शेकिल के जरिए उठाया जाना चाहिए ।
- उठाने के दौरान उठाने का प्रबंध इस तरह का हो कि ट्रांसफार्मर का संतुलन न बिगड़े ।
- रस्सियों और उठाने के उपकरण काफी मजबूत हों ताकि वे उतना भार उठा सकें ।
- जिस समय ट्रांसफार्मर लदा हो, वाहनों को तेजी से न घुमाना चाहिए और न ही तेज दौड़ाना चाहिए ।
- जिस समय ट्रांसफार्मर को पोल ढांचे पर लटकाया जा रहा है, उस समय हर तरह के मजबूती के उपाय किए जाने चाहिए, इसके लिए जरूरी हों तो अतिरिक्त क्लैम्प और बोल्ट लगा दिए जाएं ।

ट्रांसफार्मरों के लिए बने बनाए रस्सियों के झूले तैयार रखे जाएं ।

29

वितरण ट्रांसफार्मर संस्थापन में लगने वाली सामग्री

वितरण ट्रांसफार्मर संस्थापन में लगने वाली सामग्री

- ट्रांसफार्मर 11/0.4 केवी (विभिन्न क्षमता 16/25/63/100 केवीए) - 1 नम्बर
- पोल सपोर्ट (पीसीसी/आरएस जोईस्ट/रेल/एच बीम) - 2 नंबर,
- पोल से पोल की दूरी 8 फुट सेंटर तथा पोल की जमीन में गहराई 1/6 हिस्सा पोल लंबाई का, डीटीआर माउंटिंग चैनल जमीन से 8 फुट, डीओ चैनल 16 फुट और एबी स्विच 20 फुट ऊंचाई पर कसें । एबी स्विच का हेंडिल जमीन से 4 फुट ऊंचाई पर हो ।
- टॉप चेनल (डीसी क्रॉस आर्म 100x50x 6 एमएम 8 फुट सेंटर) -1 सेट
- क्लैम्प टॉप चेनल हेतु पोलों पर 2 सेट, 11 केवी डिस्क इंसुलेटर – 3 सेट
- 11 केवी स्ट्रेन हार्ड वेयर फिटिंग – 3 सेट,
- 11 केवी डीओ फ्यूज और एलए माउंटिंग चेनल/एंगल एवं बेक क्लैम्प सहित – 2 सेट,
- 11 केवी डीओ फ्यूज यूनिट 3 नंबर/1 सेट,
- 11 केवी एलए - 3 नंबर,
- ट्रांसफार्मर माउंटिंग चैनल (डीसी क्रॉस आर्म 100x50x6 एमएम) - 1 सेट,
- ट्रांसफार्मर बेल्टिंग एंगल (50x50x6 एमएम) - 1 सेट,
- 11केवी एबी स्विच (100 केवीए और उससे ऊपर) - 1 नंबर,
- स्टे सेट 16 एमएम कंप्लीट, टर्न बक्कल और स्टे क्लैम्प सहित – 4 सेट, स्टे वायर (7/3.15 एमएम) (5.5 किग्रा स्टे वायर प्रति स्टे सेट) - 22 किग्रा,

- पोल कोंक्रीटिंग (0.5 सीएमटी प्रति पोल) (1:3:6) - 1 सीएमटी, स्टे कोंक्रीटिंग (0.2 सीएमटी प्रति स्टे) (1:3:6) - 0.8 सीएमटी,
- एएएसी रेबिट जमफर हेतु - 30 मीटर,
- डेंजर/खतरा बोर्ड एनेमिल्ड टाइप 11 केवी - 1 नंबर,
- डीटीआर एचटी बाईमेटेलिक क्लैम्प - 3 नंबर,
- एलटी बाईमेटेलिक क्लैम्प – 4 नंबर,
- डीटीआर अर्थिंग - 1 सेट,
- एंटीक्लाइम्बिंग डिवाइस (बार्वेड वायर 2.24 एमएम डाया (14 एसडब्ल्यूजी) (3.5 किग्रा वायर प्रति पोल) - 2 नंबर,
- रेड ऑक्साइड पेंट - 1 लीटर,
- एल्यूमिनियम पेंट - 1 लीटर,
- एमएस नट और बोल्ट – 14 किग्रा,
- एलटी डिस्ट्रीब्यूशन बॉक्स - 1 नंबर,
- एलटी डिस्ट्रीब्यूशन माउंटिंग चैनल (50x50 x6 एमएम) - 2 नंबर,
- डीटीआर मीटर - 1 नंबर,
- केबिल (मैन सर्किट - 40 मीटर, फीडर सर्किट - 80 मीटर) सिंगल कोर एक्सएलपीई अनार्मड एल्यूमिनियम
- वितरण ट्रांसफार्मर संस्थापन – एलटी केबिल

क्र, - डीटीआर क्षमता केवीए, - - एक्सएलपीई मैंन केबिल सिंगल कोर अन आर्मड, - - - एक्सएलपीई सर्किट केबिल सिंगल कोर अन आर्मड, - - - - पीवीसी सिंगल कोर मैंन केबिल, - - - - - - पीवीसी सिंगल कोर सर्किट केबिल

1, - 16 केवीए, - 16 वर्ग एमएम, -1x16 वर्ग एमएम, - 1x16 वर्ग एमएम, - 1x25 वर्ग एमएम

2, - 25 केवीए, - 16 वर्ग एमएम,- 2x16 वर्ग एमएम, - 50 वर्ग एमएम, - 1x50, 2x25 वर्ग एमएम

3, - 63केवीए, - 70 वर्ग एमएम, - 2x50 वर्ग एमएम, - 90 वर्ग एमएम, - 1x70, 2x50 वर्ग एमएम

4, - 100 केवीए,- 150 वर्ग एमएम, - 2x70 वर्ग एमएम, - 150 वर्ग एमएम, - 1x150, 1x95, 1x75 वर्ग एमएम

5, - 200 केवीए,- 300 वर्ग एमएम, -2x150 वर्ग एमएम, - 2x150 वर्ग एमएम, - 1x150, 2x120 वर्ग एमएम

6, - 315 केवीए, - 300 वर्ग एमएम, - 2x200 वर्ग एमएम, - 2x200 वर्ग एमएम, 1x200, 1x150, 1x120 वर्ग एमएम

7, - 500 केवीए, - 400 वर्ग एमएम, -2x300 वर्ग एमएम, -2x300 वर्ग एमएम, -1x200, 1x150, 1x120 वर्ग एमएम

30

वितरण ट्रांसफार्मर संस्थापन - एचटी, एलटी फ्यूज क्षमता

वितरण ट्रांसफार्मर संस्थापन – एचटी, एलटी फ्यूज क्षमता

वितरण ट्रांसफार्मर की सुरक्षा की दृष्टि से 11 केवी की तरफ डीओ (ड्रॉप आउट) फ्यूज यूनिट लगे होते हैं जिनमें ट्रांसफार्मर की क्षमतानुसार फ्यूज लगाते हैं । ट्रांसफार्मर के एलटी की तरफ डिस्ट्रीब्यूशन बॉक्स लगाते हैं, जिसमें मेन स्विच तथा फीडर स्विच या एमसीबी/ एमसीसीबी लगी होती है । मेन स्विच और फीडर स्विच के कट आउट में क्षमतानुसार टीसी (टिंड कॉपर) फ्यूज वायर अथवा अधिक क्षमता के लिए एचआरसी (हाई रप्चरिंग कैपेसिटी) फ्यूज उपयोग करते हैं । एमसीबी/एमसीसीबी भी ट्रांसफार्मर क्षमतानुसार उपयोग की जाती हैं । एलटी लाइन और एलटी केबिल में होने वालों फाल्टों को एलटी फ्यूज के जल जाने अथवा एमसीबी/एमसीसीबी के ट्रिप होने से ट्रांसफार्मर को सुरक्षित रखा जाता है । यदि किसी कारणों से यह व्यवस्था खराब होती है या ट्रांसफार्मर के अंतर्गत होने वाले फाल्टों के कारण ट्रांसफार्मर के डीओ फ्यूज जल (बर्न्ट)जाते हैं और ट्रांसफार्मर सुरक्षित रहता है ।

वितरण ट्रांसफार्मर संस्थापन – एचटी, एलटी फ्यूज क्षमता -

क्र, - ट्रांसफार्मर क्षमता केवीए, - 11 केवी फुल लोड एम्पीयर, - एलटी साइड फुल लोड एम्पीयर, - 11 केवी डीओ फ्यूज एम्पीयर, - 11 केवी डीओ फ्यूज एसडब्ल्यूजी, - एलटी लोड एम्पीयर, - एलटी साइड फ्यूज एसडब्ल्यूजी

1, - 16 केवीए, - 0.84 एम्पीयर, 22.26 एम्पीयर, -1.0 एम्पीयर, 41 एसडब्ल्यूजी, 24 एम्पीयर, 22 एसडब्ल्यूजी

2, - 25 केवीए, - 1.31 एम्पीयर, 33.4 एम्पीयर, -1.5 एम्पीयर, 40 एसडब्ल्यूजी, 34 एम्पीयर, 20 एसडब्ल्यूजी

3 - 63 केवीए, - 3.34 एम्पीयर, 84.0 एम्पीयर, -3.0 एम्पीयर, 38 एसडब्ल्यूजी, 85 एम्पीयर, 2x 16 एसडब्ल्यूजी

4, - 100 केवीए, - 5.25 एम्पीयर, 133.5 एम्पीयर, - 5.0 एम्पीयर, 35 एसडब्ल्यूजी, 138 एम्पीयर, 2x 13 एसडब्ल्यूजी

5, - 200 केवीए, - 10.5 एम्पीयर, 266.7 एम्पीयर, - 10.0 एम्पीयर, 28/29 एसडब्ल्यूजी, 277 एम्पीयर, 3x 14 एचआरसी

6, - 315 केवीए, - 16.53 एम्पीयर, 413.33 एम्पीयर, - 15.0 एम्पीयर, 25 एसडब्ल्यूजी, 437 एम्पीयर, 2x 12 एचआरसी

7, - 500 केवीए, - 26.24 एम्पीयर, 656.08 एम्पीयर, - 25.0 एम्पीयर, 22 एसडब्ल्यूजी, 525 एम्पीयर, एचआरसी

31

विद्युत – 11 केवी लाइन में एक एम्पीयर करेंट का केवीए पावर मान – जानना

विद्युत – 11 केवी लाइन में एक एम्पीयर करेंट का केवीए पावर मान – जानना

- पावर (केवीए) का सूत्र, तीन फेज व्यवस्था में वर्गमूल 3 तथा वोल्ट और एम्पीयर के गुणनफल के बराबर होता है ।
- इस सूत्र में वोल्टेज फेज से फेज के मध्य का होता है ।
- करेंट लाइन में प्रवाहित होने वाला होता है ।
- अत: एक एम्पीयर करेंट जब 11 केवी लाइन में प्रवाहित होता है तब उसका केवीए मान होगा –
- केवीए = 1.732 x 11 x 1 = 19.052 केवीए
- इसी को साधारण रूप से 20 केवीए मान लेते हैं ।
- इसका यह आशय हुआ कि एक एम्पीयर करेंट जब 11 केवी लाइन में प्रवाहित होता है तब पावर 20 केवीए होगी

विद्युत – ट्रांसफार्मर फ्यूज क्षमता जानना – –

- 11 केवी साइड में 20 केवीए क्षमता के लिए एक एम्पीयर क्षमता का फ्यूज उपयोग होता है । इसी प्रकार से ट्रांसफार्मर की केवीए क्षमता में 20 से भाग देने पर जो संख्या आती है,

उसी संख्या के अनुरूप 11 केवी साइड में फ्यूज क्षमता होगी ।

क्रमांक, -ट्रांसफार्मर क्षमता केवीए, क्षमता में 20 केवीए से भाग देने पर, - ट्रांसफार्मर 11 केवी साइड फ्यूज क्षमता (एम्पीयर)

1, - 25 केवीए, - 1.25 एम्पीयर , - 1 एम्पीयर

2, - 63 केवीए, - 3.15 एम्पीयर, - 3 एम्पीयर

3, - 100 केवीए, - 5.0 एम्पीयर, - 5 एम्पीयर

4, - 200 केवीए, - 10.0 एम्पीयर, - 10 एम्पीयर

5, - 315 केवीए, - 15.75 एम्पीयर, - 15 एम्पीयर

6, - 500 केवीए, - 25.0 एम्पीयर, - 25 एम्पीयर

7, - 1000 केवीए, - 50.0 एम्पीयर, - 50 एम्पीयर

- विद्युत कर्मचारी जो फ्यूज क्षमता जानने के लिए ट्रांसफार्मर केवीए क्षमता से 20 का भाग दे कर 11 केवी साइड के फ्यूज क्षमता जानने में असुविधा महसूस करते हैं । उनके लिए अगली तालिका में सरल उपाय बताया गया है ।
- पहले ट्रांसफार्मर केवीए क्षमता के इकाई अंक को छोड़कर उसका आधा करने पर जो संख्या आती है वह फ्यूज रेटिंग क्षमता होती है ।

क्रमांक, - ट्रांसफार्मर क्षमता केवीए, - ट्रांसफार्मर क्षमता के इकाई अंक को छोड़कर लिखना, - 11 केवी साइड के फ्यूज क्षमता एम्पीयर में जानने के लिए पहले कालम में लिखी संख्या का आधा करते हैं ।

1, - 25 केवीए, - 2 , - 1 एम्पीयर

2, - 63 केवीए, - 6 , - 3 एम्पीयर

3, - 100 केवीए, - 10 , - 5 एम्पीयर

4, - 200 केवीए, - 20 , - 10 एम्पीयर

5,- 315 केवीए, - 31 , - 15 एम्पीयर

6, - 500 केवीए, - 50 , - 25 एम्पीयर

7, - 1000 केवीए, - 100 , - 50 एम्पीयर

विद्युत – व्यवस्था – थम्ब रूल

- 1 एम्पीयर करेंट एलटी सर्किट = 0.75 केवीए
- 1 केवीए पावर के लिए एलटी सर्किट में करेंट = $(1/0.75)$ = $4/3$ = 1.33 एम्पीयर
- 1 एम्पीयर करेंट 11 केवी = 20 केवीए
- 1 एम्पीयर करेंट 33 केवी = 57 (60) केवीए
- सिंगल फेस मोटर लोड एम्पीयर = $3.5/4$ एम्पीयर प्रति एचपी

- 3 फेस मोटर लोड एम्पीयर = 1.25/1.5 एम्पीयर प्रति एचपी (कैपेसिटर और बिना कैपेसिटर)
- एलटी फुल लोड करंट उपकरण (केवीए) = 1.33 एम्पीयर प्रति केवीए
- फुल लोड करंट उपकरण (किलोवाट) = 1.74 एम्पीयर प्रति किलोवाट
- एलटी करंट लोड डीटीआर = 1.4 एम्पीयर प्रति केवीए

नो लोड करंट – डीटीआर = 2 % फुल लोड करंट से कम

32

वितरण ट्रांसफार्मर - अर्थिंग अरेंजमेंट

वितरण ट्रांसफार्मर – अर्थिंग अरेंजमेंट

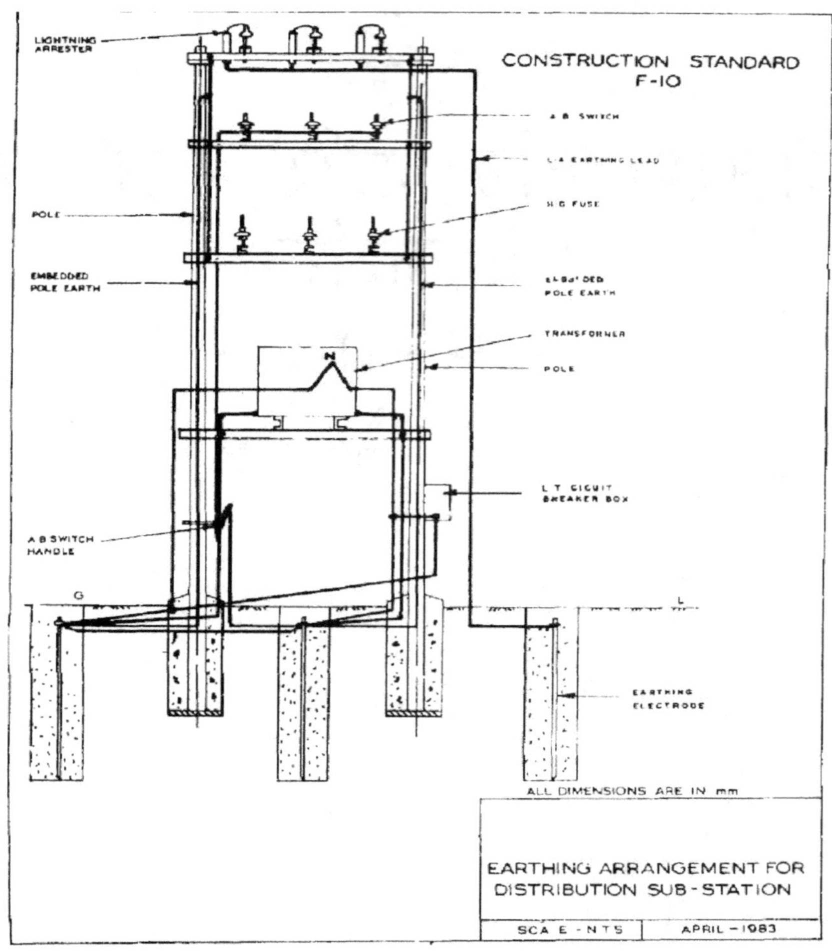

वितरण ट्रांसफार्मर – अर्थिंग अरेंजमेंट

अर्थ रजिसटेन्स

- अर्थ रजिसटेन्स निम्नलिखित बातों पर निर्भर करता है –
- 1 - मिट्टी का प्रकार – कंकरीली, रेतीली, पीली, दोमट, मटियार, काली, पथरीली आदि, खराब मिट्टी की जगह अच्छी मिट्टी का उपयोग,
- 2 - जमीन का तापमान – मौसम अनुसार

- 3 - मिट्टी में नमी – मौसम अनुसार, गर्मी में पानी डालना
- 4 – मिट्टी में खनिज - मिट्टी में कोयला, काली मिट्टी, मुलतानी मिट्टी/बेंटोनाइड पाउडर का उपयोग
- 5 – मिट्टी में इलेक्ट्रोड की लम्बाई/गहराई – गहराई अधिक करना
- 6 – इलेक्ट्रोड की शक्ल/टाइप और आकार – वायर, फ्लेट, पाइप अर्थिंग
- 7 – दो इलेक्ट्रोडों के बीच की दूरी – दूरी कम रखना
- 8 – इलेक्ट्रोडों की संख्या - संख्या बढ़ाना, आपसी इंटरलिंकिंग

वितरण ट्रांसफार्मर – अर्थिंग अरेंजमेंट

- वितरण ट्रांसफार्मर के लिए तीन अर्थ गड्डे/पिट 6500 मिमी लंबाई वाले समद्विभुज त्रिकोण तथा डीपी स्ट्राकचर के दोनों तरफ एक – एक अर्थ पिट और और तीसरा पिट डीपी के मध्य डीपी से समान दूरी पर होता है । प्रत्येक इलेक्ट्रोड ए ग्रेड जीआई पाइप का बना होता है । और उसकी मोटाई 50 मिमी और लम्बाई 8 फुट होती है । ये लंबाई में गाड़ दिये जाते हैं और इनका 4 इंच का सिरा जमीन के ऊपर होता है जिस पर अंग्रेजी के यू शेप वाली क्लैम्प जड़ी होती है ।
- डीपी के एक तरफ के पिट में तीनों एलए डबल वायर से जोड़ते हुए अर्थ पिट तक लाया जाता है ।
- दूसरे अर्थ पिट में ट्रांसफार्मर न्यूट्रल बुशिंग से डबल जीआई वायर (4 वर्ग एमएम, 8 एसडब्ल्यूजी) लगाया जाता है ।
- तीसरे पिट में नॉन करेंट कैरिंग पार्ट जुड़े होते हैं जो पोल के अर्थ टर्मिनल तक जाते हैं और ट्रांसफार्मर टैंक बॉडी से दो अर्थ वायर के द्वारा जुड़े होते हैं ।
- हर उपकरण के लिए दो अर्थ वायर होते हैं जो 4 वर्ग मिमी के जीआई वायर से अर्थ से जुड़े होते हैं ।
- अर्थ लीड में कोई जोड़ नहीं होते, अगर जोड़ पड़ ही जाए तो उन्हें ब्रैंज, रिवेटिड़ और बेलडिड होने चाहिए और इन पर बिटुमिनस पैंट लगा होना चाहिए ।

अर्थिंग के गड्डे 5 फुट लंबे, 2.5 फुट चौड़े, 6 से 9 फुट गहरे होने चाहिए ।
ट्रांसफार्मर भू - प्रतिरोध (अर्थ रजिसटेन्स)
विभिन्न अधोसंरचना के लिए मानक न्यूनतम भू – प्रतिरोध (अर्थ – रजिसटेन्स) –

- पावर स्टेशन (उत्पादन) – 0.5 ओम,
- अति उच्च दाब (ईएचटी) उपकेंद्र – 1.0 ओम,
- 33/11 केवी उपकेंद्र – 2.0 ओम तथा
- वितरण ट्रांसफार्मर (11/0.4 केवी उपकेंद्र) – 5.0 ओम

- बेंटोनाइट कम्पाउन्ड अर्थ रजिसटेन्स को अपने सामान्य स्तर से 25 % पर ला देता है । यह एक विशेष प्रकार की मिट्टी होती है जो पानी मिलाते ही अपने आयतन से कई गुना बढ़ जाती है तथा अपने आसपास की मिट्टी से नमी ले कर बहुत लंबे समय तक अपने अंदर बनाए रखती है । इस कारण अर्थिंग में बार – बार पानी डालने की आवश्यकता नहीं पड़ती । इसे साधारण बोल चाल की भाषा में मुलतानी मिट्टी भी कहते हैं । बेंटोनाइड कम्पाउन्ड के अलावा कोयला, बालू रेती, एवं काली मिट्टी का मिश्रण डालकर काली मिट्टी भरना चाहिए ।
- पानी की व्यवस्था – उपकेंद्र में ट्यूब वेल अथवा कुएं/हेंड पम्प में मोटर लगाकर अथवा टैंकर से पानी देकर अर्थिंग के गड्डों में सदैव नमी बनाए रखना चाहिए ।

अर्थिंग खराब की पहचान/जानकारी

- सामान्यत: जीआई वायर का रंग ग्रे होता हैं, अर्थ फेल होने पर वायर गर्म होता है, रात के समय रेड हॉट दिखेगा, गर्म होने के बाद ठंडा होने पर वायर की कठोरता कम हो जाएगी, वायर मुलायम होगा, वायर का रंग उतर जाएगा, जंग/रस्टिंग लगाना शुरू हो जाएगी । जंग लगा, रंग उतरा/बदला, मुलायम वायर खराब अर्थिंग की पहचान हैं ।
- जाइंट ढीले होने से, पूर्ण संपर्क न होने से अर्थ पूरी तरह से काम नहीं करता
- टेस्टर से परीक्षण करने से वायर में करेंट बताएगा ।
- बल्ब होल्डर को एक फेस और अर्थ से चेक करने पर बल्व नहीं जलेगा ।

यदि ट्रांसफार्मर न्यूट्रल को अर्थ नहीं करें, तब क्या असुविधाएं होंगी –

1. न्यूट्रल फ्लोटिंग – सामान्य तौर पर सिंगल फेज और थ्री फेज कनेक्शन प्रदाय किए जाते हैं । थ्री फेज लोड तीनों फेजों पर बराबर रहता है परन्तु तीनों फेजों पर सामान संख्या (उदाहरण के लिए प्रत्येक फेज पर 10 – 10 कनेक्शन) में कनेक्शन देने पर उनका लोड सामान नहीं रहता । कहने का आशय यह है कि ऐसी स्थिति में तीनों फेजों पर लोड सामान नहीं होगा । तब वह अनबेलेंस लोड (असंतुलित भार) के कारण न्यूट्रल में करेंट होगा, क्योंकि बेलेंस लोड (संतुलित भार) की स्थिति में न्यूट्रल में करेंट नहीं होगा । अनबेलेंस लोड की स्थिति अधिकतर रहती है । ऐसी स्थिति में न्यूट्रल फ्लोट करता है जिससे तीनों फेजों पर सामान वोल्टेज नहीं रहता, यह एक भयानक समस्या न्यूट्रल फ्लोटिंग की बनती है । जिससे उपभोक्ता को एक निश्चित वोल्टेज नहीं मिलता । यह तभी संभव होता है जब न्यूट्रल अर्थ हो, ऐसी स्थिति में अनबेलेंस करेंट न्यूट्रल के अर्थ के द्वारा जमीन (मिट्टी) में चला जाता है और न्यूट्रल फ्लोटिंग की समस्या नहीं रहती ।

2. तड़ित (लाइटनिंग) – जब किसी एक फेज पर लाइटनिंग होती है तब लाइटनिंग का असर तीनों फेजों पर होगा क्योंकि न्यूट्रल अर्थ नहीं है और इसके कारण तीनों फेजों के उपकरण खराब (डेमेज) होंगे । लेकिन अगर न्यूट्रल अर्थ किया हुआ है तब लाइटनिंग एक फेज पर होती है तो उस फेज के उपकरण ही प्रभावित होंगे शेष फेज के नहीं क्योंकि तड़ित का करेंट न्यूट्रल अर्थ के द्वारा जमीन (मिट्टी) में चला जाता है । इसलिए न्यूट्रल अर्थ करना अति आवश्यक है ।

3. फेज फेल होना - फेज फेल होने की स्थिति में दूसरे फेजो की सप्लाई फेज से फेज की हो जाता है और वोल्टेज बढ़ने से उपकरणों को खतरा बन जाता है । परन्तु न्यूट्रल अर्थ होने की स्थिति में किसी भी फेज पर वोल्टेज फेज न्यूट्रल ही रहेगा ।

33

ट्रांसफार्मरों की टेस्टिंग/ परीक्षण

ट्रांसफार्मरों की टेस्टिंग -

आमतौर पर फ़ैक्टरी में पूरी तरह असेम्बल कर लिए जाने पर लेकिन भेजे जाने और कल पुर्जे फिट करने से पहले ट्रांसफार्मरों के निष्पादन की टेस्टिंग की जाती है । ये टेस्ट रजिल्ट 75 डिग्री सेल्सियस तापमान पर किए जाते हैं ।

अत: आई एस 2026 (पार्ट – 1) के वर्गीकरण के अनुसार टेस्ट के नाम निम्नलिखित प्रकार से हैं ।

ट्रांसफार्मरों की टेस्टिंग/परीक्षण

(आई एस 2026 – पार्ट - 1)

क्रमांक, - रूटीन टेस्ट, - - टाइप टेस्ट, - - - स्पेशल टेस्ट

1, - वाईंडिंग रजिसटेन्स की माप, - - वाईंडिंग रजिसटेन्स की माप, - - - डाय –इलेक्ट्रिक टेस्ट

2, - वोल्टेज रेशो और वोल्टेज वेक्टर सम्बन्धों की चेकिंग, - - वोल्टेज रेशो और वोल्टेज वेक्टर सम्बन्धों की चेकिंग, - - - थ्री फेज ट्रांसफार्मर के 0 सीकुएंस इम्पीडेंस की माप

3, - लोड लॉस और वोल्टेज शॉर्ट सर्किट इम्पीडेंस की माप, - - लोड लॉस और वोल्टेज शॉर्ट सर्किट इम्पीडेंस की माप, - - - शॉर्ट सर्किट टेस्ट

4, - नो लोड लॉस और करेंट की माप, - - नो लोड लॉस और करेंट की माप, - - एक्यूस्टिक नोइज़ लेबल की माप

5, - इंसुलेशन रजिसटेन्स की माप, - - इंसुलेशन रजिसटेन्स की माप, - - नो लोड करेंट हारमोनिक्स की मॅप

6, - डाय - इलेक्ट्रिक टेस्ट, - इंसुलेशन रजिसटेन्स की माप, - - पंखों और तेल पम्पों द्वारा ली जाने वाली बिजली की माप

7, - ओएलटीसी पर टेस्ट, - तापमान वृद्धि, - - कोई अन्य टेस्ट

8, - - - - , - - - - - - , - - - ओएलटीसी पर टेस्ट

इलेक्ट्रिकल परफ़ोर्मेंस पर टालरेन्स (आई एस 2026) –

क्रमांक, मद, - टालरेन्स

1, - पूरा नुकसान, - + 10 प्रतिशत कुल गारंटी शुदा वैल्यू का

2, - घटक हानि, - + 15 प्रतिशत हर नुकसान का शर्त यह है कि कुल नुकसान की टालरेंस सीमा पार न हो

3, - प्रिंसिपल टेपिंग (रेटेड वोल्टेज रेशो) पर लोड न होने पर वोल्टेज अनुपात निम्नलिखित वैल्यू में जो सबसे कम हो –

(क) 0.5 प्रतिशत घोषित अनुपात का

(ख) – रेटेड घोषित अनुपात की प्रतिशतता के बराबर करेंट की इम्पीडेन्स वोल्टेज के वास्तविक प्रतिशत का 1/10

3 , रेटेड करेंट पीआर इम्पीडेन्स वोल्टेज –,

(दो वाईंडिंग ट्रान्सफार्मर), - - + , - 10 प्रतिशतउस टेपिंग के घोषित इम्पीडेन्स

मल्टी वाईंडिंग ट्रान्सफार्मर, - वोल्टेज के लिए –+ ,- 10 प्रतिशत एक विनिर्दिष्ट वाईंडिंग जोड़ी के घोषित इम्पीडेन्स वोल्टेज पर,

मल्टी वाईंडिंग ट्रान्सफार्मर, - वोल्टेज के लिए – + ,- 15 प्रतिशत दूसरे विनिर्दिष्ट वाईंडिंग जोड़ी के घोषित इम्पीडेन्स वोल्टेज पर

4, - नो लोड करेंट, - - + 30 प्रतिशत घोषित नो लोड करेंट का

ट्रान्सफार्मरों का टेस्टिंग प्रोसीजर (परीक्षण नियम) –

रूटीन टेस्ट –

1 - वाईंडिंग रजिस्टेन्स की माप –

प्रिंसिपल, मैक्सीमम तथा मिनीमन टेप पर हर वाईंडिंग का रजिस्टेन्स हीटस्टोन अथवा कैलबिन ब्रिज द्वारा मापा जाएगा । यह निम्नलिखित वैल्यू ऑफ रजिस्टेन्स पर निर्भर करेगा –

10 ओम और इससे अधिक हीटस्टोन ब्रिज जिसकी सटीकता 0.1 प्रतिशत हो

10 माइक्रो ओम से 10 ओम तक कैलबिन ब्रिज जिसकी सटीकता 0.1 प्रतिशत अथवा 0.1 माइक्रो ओम जो भी ज्यादा हो ।

ब्रिजों में पर्याप्त क्षमता वाली बैटरी का इस्तेमाल किया जाएगा ताकि मापने के दौरान बैटरी वोल्टेज में गिरावट के चलते गलती न हो, अथवा रजिस्टेन्स मापने के लिए किसी उपायुक्त डीसी सप्लाई का इस्तेमाल किया जा सकता है ।

हाई इंडक्टिव इफेक्ट कम न हो, इसके लिए सलाह दी जाती है कि पर्याप्त हाई करेंट हो । इससे स्थिर रीडिंग प्राप्त करने में समय कम लगेगा ।

अगर ब्रोट आउट न्यूट्रल के साथ स्टार कनेकटेड वाईंडिंग लेनी है तो रजिस्टेन्स की माप न्यूट्रल टर्मीनल और लाइन के बीच की जाएगी । इसके बाद तीन बार के मापने का औसत

निकाला जायेगा जो टेस्ट वैल्यू होगा ।

डेल्टा कनेक्टेड वाईंडिंग के लिए माप लाइन टर्मीनल की दो जोड़ियों के बीच ली जाएगी और ऊपर दिए गए फार्मूलों के अनुसार प्रति वाईंडिंग के हिसाब से रजिस्टेन्स निकाला जायेगा । फार्मूला निम्नलिखित है –

रजिस्टेन्स प्रति वाईंडिंग = 1.5 एक्स मापा गया रजिस्टेन्स

तीन बार माप लिया जायेगा और उसका औसत रिपोर्टेड टेस्ट वैल्यू होगा ।

कोल्ड रजिस्टेन्स मेजरमेंट के दौरान यह दर्ज किया जाएगा कि करेंट मेजरमेंट के लिए कितना स्टेबलाइजिंग टाइम लगता है । इससे यह दिशा निर्देश प्राप्त होंगे जो हॉट रजिस्टेन्स के तब काम आयेंगे जब टेम्परेचर राइज़ टेस्ट लिया जा रहा हो ।

कोल्ड रजिस्टेन्स दर्ज करने से पहले ट्रान्सफार्मर को तेल में रहना चाहिए और उस पर काफी समय तक कोई लोड न हो ताकि वाईंडिंग उसी तापमान पर हों जो आसपास के तेल का है ।

टॉप औए बॉटम ऑइल टेम्परेचर दर्ज किया जायेगा और इस प्रकार से वाईंडिंग का जो टेम्परेचर आयेगा वही दोनों रीडिंग का औसत होगा ।

आई एस 2026 के अनुसार मापा गया रजिस्टेन्स वैल्यू 75 डिग्री सेल्सियस के रेफरेंस टेम्परेचर में बदल दिया जाये ।

2- अनुपात, पोलरिटी और फेज रिलेशनशिप की माप –

वाईंडिंग की जोड़ियों के बीच हर टाइपिंग का टर्न रेशो निकाला जायेगा और इसके लिए डाइरेक्ट रीडिंग रेशो मीटर का प्रयोग करना होगा । हर प्रकार के ट्रान्सफार्मर के मामले में यह पर्याप्त होगा कि वाईंडिंग टेप्स का टर्न रेशो मापा जाए ।

रेशो मीटर की सटीकता 0.1 प्रतिशत होगी और इस रेशो मीटर में लीकेज फ्लक्स के कारण फेज एंगल एडजस्ट करने की व्यवस्था होगी ।

अधिकांशत: डाइरेक्ट रीडिंग रेशो मीटर से पोरिटी और फेज रिलेशनशिप मापे जा सकते हैं बशर्ते कि पोलरिटी चेंज के लिए रिवर्सिंग स्विच लगा हो ।

अथवा एचवी टर्मीनल 'ए' और एलवी के 'ए' को कनेक्ट कर के पोलरिटी और फेज रिलेशनशिप मापे जा सकते हैं ।

3.   – इम्पीडेन्स वोल्टेज की माप –

प्रिंसिपल, मैक्सीमम और मिनीमम टेपिंग पर इम्पीडेन्स वोल्टेज की माप एक अप्रोक्सीमेटली सिनोसोइडल वोल्टेज का इस्तेमाल कर के रेटेड फ्रीक्वेन्सी पर मापा जा सकता है । यह माप 25 से 100 प्रतिशत के बीच रेटेड करेंट के किसी करेंट पर की जा सकती है । इस माप वैल्यू में संशोधन टेस्ट करेंट के रेटेड करेंट के अनुपात से गुणा कर के किया जा सकता है । यह माप किसी भी सुविधाजनक तापमान पर किया जा सकता है लेकिन इसका

परिणाम रेफरेन्स टेम्परेचर 75 डिग्री सेल्सियस के अनुसार संशोधित किया जाना चाहिए, लेकिन किसी पावर ट्रान्सफार्मर के इम्पीडेन्स वैल्यू पर तापमान पर असर नगण्य होता है ।

टॉप और बॉटम ऑइल टेम्परेचर की माप की जानी चाहिए और इसका जो भी औसत आए, उसे ट्रान्सफार्मर का टेम्परेचर समझा जाना चाहिए ।

सभी लाइनों का करेंट मापा जाना चाहिए और इसके औसत को टेस्ट करेंट माना जाना चाहिए । इसके लिए जो मीटर इस्तेमाल किए जाएं वह 0.5 सटीकता वाला प्रेसीसन टाइप का हो और आई एस – 1248 के अनुरूप हो ।

लाइनों के बीच का वोल्टेज मापा जायेगा और इसके औसत को टेस्टेड वोल्टेज की रीडिंग माना जायेगा । इसके लिए जो वॉल्ट मीटर इस्तेमाल किया जाय, वह डायनोमीटर टाइप का हो, उसकी सटीकता 0.5 हो और वह आई एस – 1248 के अनुरूप हो ।

तीन या इससे ज्यादा वाईंडिंग वाले ट्रान्सफार्मरों के मामले में इम्पीडेन्स वोल्टेज वाईंडिंग की जोड़ियों के बीच मापा जाये । अन्य लोडेड स्टेबलाइजिंग वाले ट्रान्सफार्मरों को थ्री वाईंडिंग ट्रान्सफार्मर न समझा जाए ।

4. – लोड लॉस की माप –

लोड लॉस की माप प्रिंसिपल टेप के साथ इम्पीडेन्स वोल्टेज की माप के साथ की जाती है । इसके लिए दो वाट मीटर अथवा थ्री वाट मीटर की माप विधि अपनायी जानी चाहिए । एक ही सटीकता वाली अमीटर और वोल्ट मीटर का प्रयोग वैसे ही किया जाय जैसे कि इम्पीडेन्स वोल्टेज मापने में किया जाता है ।

वाट मीटर सिंगल एलिमेंट डायनेमोमीटरटाइप का होना चाहिए जो लो पार फ़ैक्टर 0.2 के अनुकूल हो और जिसकी सटीकता 0.6 प्रतिशत बताई जाती हो ।

तीन बार के करेंट के औसत को टेस्ट करेंट माना जाना चाहिए और जो नुकसान (लॉस) आता है, उसे रेटेड करेंट से टेस्ट करेंट के अनुपात के वर्ग से गुणा करके ठीक किया जाना चाहिए । इस प्रकार से वैल्यू प्राप्त होगा उसे 75 डिग्री सेल्सिययस के रेफरेन्स टेम्परेचर पर ठीक किया जायेगा और यह माना जायेगा कि लॉस रजिस्टेन्स के वैरिएशन के लॉस से अलग अलग होगा और यह बी कि तापमान में अन्तर आने से लॉस में घटबढ़ आयेगा और स्ट्रे लॉस और लोड लॉस रजिस्टेन्स में घटबढ़ से प्रभावित होते हैं ।

यह टेस्ट किसी भी तापमान पर किया जा सकता है और तापमान की माप इम्पीडेन्स वोल्टेज की माप के अनुसार की जानी चाहिए ।

मल्टी वाईंडिंग ट्रान्सफार्मर पर लोड लॉस की माप की जोड़ियों पर की जाती है । इसके लिए दो वाईंडिंग्स में सबसे नीचे वाले रेटेड वाईंडिंग के अनुसार टेस्ट करेंट सीमित होगा ।

रेफरेन्स टेम्परेचर पर किसी लोडिंग कॉम्बीनेशन के लिए समान सर्किट के आधार पर लोडिंग का हिसाब लगाया जायेगा ।

करेंट ट्रान्सफार्मर और पोटेन्शियल ट्रान्सफार्मरों के बीच सटीकता निम्नलिखित होगी –

करेंट ट्रान्सफार्मर: 0.1 क्लास जो आई एस: 2705 अथवा ए एल क्लास बी एस 3938 के अनुरूप हो

वोल्टेज ट्रान्सफारर: 0.2 क्लास आई एस 3156 के अनुसार अथवा ए एल क्लास बी एस 3941 के अनुसार हो

तीन वाईंडिंग ट्रान्सफार्मरों के लिए समान सर्किट

_______________ 1 डब्ल्यू वन

_______________ 2 डब्ल्यू टू

_______________ 3 डब्ल्यू थ्री

डब्ल्यू 12 को मापे गये शॉर्ट सर्किटिंग का लॉस मानते हैं जबकि डब्ल्यू 1 और डब्ल्यू 2 और तीसरी वाईंडिंग को सप्लाई कर रहे डब्ल्यू 3 को ओपन सर्किट रखा गया है ।

डब्ल्यू 23 को वाईंडिंग पेयर (जोड़ा) डब्ल्यू 2 और डब्ल्यू 3 के वाईंडिंग पेयर (डब्ल्यू 1 को ओपन सर्किट रखें)

इसी तरह डब्ल्यू 31 को डब्ल्यू 3 और डब्ल्यू 1 की वाईंडिंग को टेस्ट के लिए लागू करें (डब्ल्यू 2 ओपन सर्किट रखें)

डब्ल्यू 12, डब्ल्यू 23 और डब्ल्यू 31 को एमवीए बेस माना जायेगा और रेफरेन्स टेम्परेचर भी ।

डब्ल्यू = डब्ल्यू 12 + डब्ल्यू 23 + डब्ल्यू 31

तब डब्ल्यू 1 = वाईंडिंग नम्बर 1 में लॉस = डब्ल्यू 1 – डब्ल्यू 23

तब डब्ल्यू 2 = वाईंडिंग नम्बर 2 में लॉस = डब्ल्यू 2– डब्ल्यू 31

तब डब्ल्यू 3 = वाईंडिंग नम्बर 3 में लॉस = डब्ल्यू 3– डब्ल्यू 12

टोटल लॉस निकालने के लिए हर वाईंडिंग लॉस को ओपन रेटिंग में बदल दिया जावेगा और निम्नलिखित के अनुसार जोड़ दिया जायेगा –

कुल लॉस = डब्ल्यू 1 (एमवीए ऑन वाईंडिंग 1 / रेफरेन्स एमवीए) 2

+ डब्ल्यू 2 (एमवीए ऑन वाईंडिंग 2 / रेफरेन्स एमवीए) 2

+ डब्ल्यू 3 (एमवीए ऑन वाईंडिंग 3 / रेफरेन्स एमवीए) 2

5 – नो लोड लॉस और नो लोड करेंट की माप -

नो लोड लॉस और नो लोड करेंट और रेटेड फ्रीक्वेन्सी पर मापे जाएंगें । एप्लाइड वोल्टेज का वेब फॉर्म लगभग साइन्यूसोइडल होगा । वोल्टेज 1 वाईंडिंग पर अपलाई किया जायेगा और दूसरी वाईंडिंग को ओपन सर्किट रखा जायेगा । लाइनोंके बीच अपलाई किए गए वोल्टेज का औयासत वाईंडिंग सप्लाई के रेटेड वोल्टेज के बराबर होगा । सभी लाइनों के करेंट मापे जाएँगे और रीडिंग को औसत नो लोड करेंट माना जायेगा ।

जहां तक संभव हो, माप के थ्री वाट मेथड का इस्तेमाल किया जाये ।

अपलाइड वोल्टेज को 2 वॉल्ट मीटरों से मापा जायेगा । एक से वोल्टेज का आरएमएस वैल्यू निकलेगा और दूसरा वोल्टेज के औसत वैल्यू का संकेत देगा । लेकिन, यह आरएमएस के स्केल पर होगा ।

किसी थ्री फेज ट्रान्सफार्मर और बिना डेल्टा वाईंडिंग वाले ट्रान्सफार्मर पर अपलाइड वोल्टेज का समायोजन रेटेड वोल्टेज, रीडिंग ऑन वोल्ट मीटर (जो आरएमएस के लिए रिस्पॉंसिव हो), और वैल्यू ऑफ वोल्टेज के अनुसार होगा । थ्री फेज ट्रान्सफार्मरों के अलावा बिना डेल्टा कनेक्टेड वाईंडिंग वाले अन्य सभी ट्रान्सफार्मरों पर अपलाइड वोल्टेज का समायोजन रेटेड वोल्टेज, रीडिंग ऑन वोल्ट मीटर (जो वोल्टेज ए औसत वैल्यू के अनुरूप हो लेकिन उसी औसत वैल्यू वाले सिनोसोइडल वोल्टेज के अनुसार आरएमएस की रीडिंग स्केल किया हो)

इस्तेमाल किए गए अमीटरों, वोल्टेज मीटरों और वाट मीटरों की सटीकता (करेक्टनेस) वही होगी जो इम्पीडेन्स वोल्टेज लोड लॉस मापने के मीटरों की होती है ।

415 वोल्ट थ्री फेज 50 हट्र्ज के लिए भी नो लोड करेंट दर्ज किया जायेगा । इसे कमीशनिंग के समय मार्ग दर्शक माना जा सकता है ।

ऐसे समय जब अपलाइड वोल्टेज सीनोसाइडल नहीं है नो लोड लोसेस वोल्टेज यू पर तय करने के लिए नो लोड लोड लोसेस एक वोल्ट मीटर पर मापे जाते हैं जो आर एम एस वोल्टेज स्केल करने के लिए रेस्पोन्सिव होता है । इन्ही लोसेस के दौरान सीनोसाइडल वोल्टेज निम्नलिखित फार्मूला के अनुसार निकाले जाते हैं –

पी = पी एम (पी 1 + के पी 2)

जबकि – पी = करेक्टेड नो लोड लॉस

पी एम = मेजर्ड नो लोड लोसेस

पी 1 = रेशो ऑफ हिस्टेरिसिस लोसेस टू टोटल आयरन लोसेस

पी 2 = रेशो ऑफ एडडी करेंट लॉस टू टोटल आयरन लोसेस

के = (यू एम / यू) 2

फ़्लयु डेंस्टीन के लिए आमतौर पर 50 हट्र्ज पर निम्नलिखित वैल्यूज इस्तेमाल किए जाते है –

कोल्ड रोल्ड मेन ओरिएटेंड स्टील – पी 1 (0.5), पी 2 (0.5)

6.   – इंस्यूलेशन रजिस्टेन्स की माप -

सभी अन्य वाईंडिंग के बदले हर वाईंडिंग का इंसुलेशन रजिस्टेन्स, कोर फ्रेम, और टैंक कनेक्टेड टुगेदर तथा अर्थ को स्टैंडर्ड मैथड से मापा जाता है ।

टेस्ट से तुरंत टॉप ऑइल टेम्परेचर मापा और दर्ज किया जायेगा ।

मेगर कम से कम 1000 वोल्टस का होगा और न्यूनतम 2000 मेगा ओम पर स्केल किया जायेगा । वोल्टेज अपलाई कने के लगातार एक मिनट बाद रीडिंग रिकार्ड की जाएगी ।

इन्स्ट्रुमेंट को लाइव टर्मिनल टेस्ट की जा रही वाईंडिंग से जोड़ दिया जाएगा ।

7.– इण्ड्युस्ड ओवर वोल्टेज विदस्टैंड टेस्ट –

सभी समरूप इंस्यूलेटिड वाईंडिंग्स के लिए दो बार और रेटेड वोल्टेज के लिए या तो सीधे अपलाइड वोल्टेज ली जाएगी । जहां तक सम्भव हो, वोल्टेज सिनोसोइडल वेब में होनी चाहिए और उसकी फ्रीक्वेन्सी ऐसी हो जो बधाई जा सके ताकि करंट टेस्ट के दौरान वह अधिक गरम होने से बच सके । इस टेस्ट की अवधि 60 सेकेंड होगी और यह किसी टेस्ट फ्रीक्वेन्सी पर हो सकता हो सकता है जिसमें दो बार के रेटेड फ्रीक्वेन्सी शामिल है । जब टेस्ट फ्रीक्वेन्सी रेटेड फ्रीक्वेन्सी की दुगुनी हो जाती है तो टेस्ट की अवधि रेटेड फ्रीक्वेन्सी की 120 गुना होगी और रेटेड फ्रीक्वेन्सी को टेस्ट फ्रीक्वेन्सी अथवा 15 सेकेंड से, जो भी ज्यादा हो, विभाजित कर दिया जाएगा ।

ओलतेज को टेस्ट किए जा रहे ट्रान्सफार्मर के किसी भी टर्मिनल पर मापा जायेगा अथवा जेएस ट्रान्सफार्मर की टेस्टिंग हो रही है उससे तुरन्त कम वाले टर्मिनल पर मापा जायेगा । यह टेस्ट वैल्यू के एक तिहाई से ज्यादा वोल्टेज पर नहीं शुरू किया जायेगा और उसे जल्दी ही समुचित वैल्यू तक बढ़ा दिया जाएगा बढ़ाने की प्रक्रिया लगातार और मापन यंत्र द्वारा दिखाए जा रहे परिणाम के अनुसार होगी । टेस्ट के आखिर में और बंद करने से पहले वोल्टेज को तेजी से फुल वैल्यू के एक तिहाई तक कम कर दिया जाएगा । इंस्यूलेटिड वाईंडिंग के सभी ग्रेडों के लिए ये टेस्ट ऐसा होगा कि वह आई एस 2026 के अनुरूप वोल्टेज पेड़ा करे जो लाइन टर्मिनलों और हर लाइन टर्मिनल तथा कोर, फ्रेम और टैंक अथवा अर्थ के साथ जुड़े हुए केसिंग के अनुसार हो ।

ग्रेडेड इंस्यूलेशन वाले वाईंडिंग के दौरान उस हद तक अर्थ कर देनी चाहिए कि वह जरूरी टेस्ट वोल्टेज सुनिश्चित करे और वह वोल्टेज लाइन टर्मिनलों और अर्थ के बीच हो इस अर्थ टेस्ट को अर्थिंग कंडीशन के अनुसार दोबारा तब किया जाना चाहिए तब यह सम्बद्ध टर्मिनल और विनिर्दिष्ट वोल्टेज के ईच जरूरी हो ।

इस टेस्ट के दौरान न्यूट्रल को किसी उपयुक्त वोल्टेज तक उठाया जा सकता है । ऐसा एक अलग ट्रान्सफार्मर के जरिए अथवा टेस्ट किए जा रहे ट्रान्सफार्मर की उपयुक्त स्थान पर अर्थिंग कर के किया जा सकता है ।

इस एप्लीकेशन ऑफ वोल्टेज के लिए किसी सुविधाजनक और संस्थापित वोल्टेज का इस्तेमाल किया जा सकता है । अर्थ से वोल्टेज या तो स्फीयर गैप का कैलिब्रेशन इस्तेमाल करके मापा जाएगा अथवा इसके लिए एक डायरेक्ट रीडिंग पोटेन्शियल डिवाइडर इस्तेमाल

किया जायेगा ।

8 – सेपरेट सोर्स वोल्टेज विद स्टैंड टेस्ट

यह टेस्ट साइन वेब फॉर्म के सिंगल फेज आल्टर्नेटिंग वोल्टेज के साथ किया जा सकता है । इसके लिए कोई उपयुक्त फ्रीक्वेन्सी हो सकती है जो 25 हट्र्ज से कम न हो । इसके लिए टेस्ट की जा रही वाईंडिंग के सभी टर्मिनल आपस में जोड़ दिए जाएं और समुचित वोल्टेज अपलाई किया जाए । जिन वाईंडिंग पर टेस्ट नहीं किया जा रहा है वे और कोर तथा टैंक आदि अर्थ से जोड़ दिए जाएं ।

यह टेस्ट ऐसे वोल्टेज पर शुरू किया जाएगा, टेस्ट वेलयु के एक तिहाई से ज्यादा नहीं होगा और इसे उपयुक्त वैल्यू तक तेजी से बढ़ाया जाएगा इसका वास्तविक मेग्नीट्यूड मापने वाले यंत्र द्वारा दिखाया जाएगा । इस टेस्ट के आखिर में स्विच ऑफ से पहले कुल वैल्यू के एक तिहाई के बराबर वोल्टेज तेजी से घटा दिया जाएगा ।

यह टेस्ट वोल्टेज आई एस: 2026 के अनुरूप होगा । दोहरे वोल्टेज वाईंडिंग्स के लिए टेस्ट वोल्टेज अधिक होगा और यह रेटेड वोल्टेज के अनुरूप टेस्ट वोलेटेज से ज्यादा होगा । यह टेस्ट रेटेड वोल्टेज से जुड़ी हुई वाईंडिंग्स पर किया जायेगा ।

वोल्टेज की माप टेस्टिंग ट्रान्सफार्मर के एलवी साइड पर अर्थ और टर्मिनलों के बीच उपयुक्त हाई वोल्टेज मापन यंत्रों से किया जाएगा ।

34

रख - रखाव समय तालिका (मैंटीनेंस क्षेड्यूल)

रख - रखाव समय तालिका (मैंटीनेंस क्षेड्यूल)

तालिका – 1000 केवीए से कम क्षमता के ट्रान्सफार्मरों के लिए रख - रखाव समय तालिका –

क्रमांक, - समय तालिका, - विवरण, - निरीक्षण नोट, - अगर निरीक्षण संतोषजंक न हो तो जरूरी कार्यवाही

1, - प्रति घंटा, - लोड, - (एम्पीयर) रेटेड फिगर्स की तुलना में चेक करें, - -

प्रति घंटा, - वोल्टेज, रेटेड फिगर्स की तुलना में चेक करें

प्रति घंटा, - तापमान , तेल और एम्बीएन्ट तापमान

2, - प्रतिदिन, डिहाइड्रेटिंग ब्रीदर, - एयर पासेज साफ हो चेक करें । एक्टिव एजेन्ट का रंग चेक करें, -

अगर सिलिकाजेल गुलाबी है तो बदल दे, फिर इतेमाल के लिए एक्टिव (गरम) कर लें

3, - प्रत्येक माह, - ट्रान्सफार्मर तेल का लेवल, - तेल लेवल चेक करें, -अगर कम है तो ऊपर से ड्राई ऑइल डाले । लीकेज चेक करें ।

प्रत्येक माह, - कनेक्शन,- कनेक्शन कसे होने की जांच करें, - अगर ढीला है तो कसें

4, - त्रैमासिक (तिमाही), - बुशिंग, - देखे क्रेक/गंदा तो नहीं है, -साफ करें या बदलें

त्रैमासिक (तिमाही) , - नॉन – कंजर्वेटर ट्रान्सफार्मर, - नमी की जांच करें, -हवा आने का रास्ता बनायें, तेल चेक करें

त्रैमासिक (तिमाही) , - केबिल बॉक्सेज़, गैसकेटेड ज्वाइंटस, गेज और पेंट किए हुए भाग, - जांच करें

5, - वार्षिक (सालाना), - ट्रान्सफार्मर में तेल, - डाइलेक्ट्रिक जांच करें और पानी देखे, एसिडिटी और गंदगी देखें, तेल डालें

वार्षिक (सालाना), - अर्थ रजिस्टेन्स, अर्थ रजिसटेन्स नापे, अगर अर्थ रजिसटेन्स ज्यादा है तो कार्यवाही करें

वार्षिक (सालाना), - रिले, अलार्म और उनके सर्किट आदि, - रिले अलार्म कोनटेक्ट और उनके काम की जांच करे और फ्यूज की जांच करे - जरूरी हो तो सेटिंग बदलें, रिले सटीकता जाँचें

6, - प्रत्येक 2 वर्ष (साल) बाद, - कोर से ऊपर आंतरिक ट्रान्सफार्मर निरीक्षण, - ऑइल की जांच करें, - ऑइल रिपोर्ट खराब है तो ऑइल फिल्टर करे या बदलें

7,- प्रत्येक 5 वर्ष बाद, - कोर और क्वाइल उठाने साफ ड्राई ऑइल सहित समग्र जांच करें,- कोर और क्वाइल का निरीक्षण करते समय निर्माता से सलाह मशविरा करने की सिफ़ारिश की जाती है ।

तालिका – 1000 केवीए तथा अधिक क्षमता के ट्रान्सफार्मरों के लिए रख - रखाव समय तालिका -

क्रमांक, - समय तालिका, - विवरण, - निरीक्षण नोट, - अगर निरीक्षण संतोषजंक न हो तो जरूरी कार्यवाही

1, - प्रति घंटा, -लोड, (एम्पीयर), रेटेड फिगर्स से मिलान करें

प्रति घंटा,- वोल्टेज, रेटेड फिगर्स से मिलान करें

प्रति घंटा, - तापमान – एम्बीएन्ट टेम्परेचर, वाईंडिंग टेम्परेचर, ऑइल टेम्परेचर , देखिए कि टेम्परेचर राइज़ ठीक ठाक है

यदि टेम्पेचर राइज़ अधिक है तो ट्रान्सफार्मर बंद कर दें और जांच करें कि ऐसा क्यों है

2, - प्रतिदिन, - ट्रान्सफार्मर का ऑइल लेवल चेक करें, - ऑइल लेवल चेक करे, कम हो तो ड्राई ऑइल डाले

प्रतिदिन, - बुशिंग में ऑइल लेवल, - ऑइल लेवल देखे

प्रतिदिन, - रिलीफ़ डाइफ्रेम, -डाइफ्रेम चेक करें , -क्रैक या टूटा हो तो बदले

प्रतिदिन, - डिहाइड्रेटिंग ब्रीदर, -एयर पासेज साफ हो चेक करें । एक्टिव एजेन्ट का रंग चेक करें, -

अगर सिलिकाजेल गुलाबी है तो बदल दे, फिर इतेमाल के लिए एक्टिव (गरम) कर लें

3, - त्रैमासिक (तिमाही), - बुशिंग, - क्रैक और गंदगी चेक करें, -साफ करे या बदलें

त्रैमासिक (तिमाही), - ट्रान्सफार्मर में तेल,- डाइलेक्ट्रिक स्ट्रेंथ और पानी जरूरी हो तो तेल चेक करे, - तेल डालें

त्रैमासिक (तिमाही), - कूलर, फेन बेयरिंग, मोटर और चलने वाले पुर्जे, - बेयरिंग में चिकनाई लगाएँ, गियर बॉक्स, कोनटेक्ट्स, मैन्यूअल कन्ट्रोल और इंटरलोक्स चेक करें, - जले या घिसे पुर्जे बदलें

त्रैमासिक (तिमाही), - टेप चेंजर – ओएलटीसी में तेल और चलने वाले पुर्जे चेक करें

त्रैमासिक (तिमाही), - इन्डोर ट्रान्सफार्मर, - चेक करें कि हवा निकलने का रास्ता खुला है

4, - अद्र्ध वार्षिक (छमाही), - ऑइल कूलर, - प्रेशर टेस्ट करें

5, - वार्षिक (सालाना), - ट्रान्सफार्मर में तेल (अगर ट्रान्सफार्मर चेकिंग के लिए निकाला जा सकता है तो निकाल कर चेक करें)

एसिडिटी या गंदगी चेक करें, तेल फिल्टर करें या बदलें

वार्षिक (सालाना), - तेल भरे बुशिंग, - तेल टेस्ट करे, - तेल फिल्टर करे या बदलें

वार्षिक (सालाना),- गेस्केट ज्वाइंट -ढीले बोल्ट कसे, लीक हो रहा हो तो गेस्केट बदले

वार्षिक (सालाना), - केबिल बोक्सेस्ज, - छेद बन्द करने के लिए सील चेक करें, क्रैक देखे क्रैक और गंदगी चेक करें, -लीक

वार्षिक (सालाना), - सर्ज डाइवर्टर एवं गैप, - गैप चेक करे, - गैप ठीक करें, सफाई करे, यदि खराब है तो बदलें

वार्षिक (सालाना), - रिले, अलार्म रिले और उनके सर्किट, अलार्म और कोनटेक्ट चेक करें, फ्यूज देखे, - पुर्जे साफ करें, कोनटेक्ट्स और फ्यूज/सर्किट जरूरी हो तो बदलें

वार्षिक (सालाना),- अर्थ रजिसटेन्स, - अर्थ रजिसटेन्स नापें, - अगर अर्थ रजिसटेन्स ज्यादा (हाई) है तो कार्यवाही करे

6, - प्रत्येक 5 वर्ष (साल) बाद, - 1000 से 3000 केवीए, कोर और क्वाइल उठाने सहित समग्र निरीक्षण, -साफ ड्राई ऑइल से धोयें

7, -प्रत्येक 7 - 10 वर्ष बाद, -3000 केवीए से अधिक, - कोर और क्वाइल उठाने सहित समग्र निरीक्षण, - साफ ड्राई ऑइल से धोयें

नोट –

1 - ऑन लोड टेप चेंजर्स के मामले में निर्माताओं की सिफ़ारिशों का पालन किया जाए ।

2 - सिलिकाजेल को 150 से 200 डिग्री सेन्टीग्रेड तक गरम करके रिएक्टिव किया जा सकता है ।

3 - जब भी ड्राइंग मीडियम बदला जाय, ऑइल सील बादल देनी चाहिए ।

4 - जब तक सभी एक्सटर्नल सर्किटों और टैंकों से अलग न कर दिया गया हो और सभी वाईंडिंग्स ठोस रूप से अर्थ न की गई हों, तब तक ट्रांसफार्मर पर कोई काम नहीं किया जाना चाहिए ।

5 - अगर सर्विस के दौरान कुछ असाधारण घटित होता है, तो निर्माताओं से सलाह की जानी चाहिए, उन्हें पूरी बात बताई जाए और घटना की पूरी जानकारी दी जाए साथ ही पहचान में मदद के लिए नेम प्लेट के विवरण भी दिए जाएँ ।

35

ट्रान्सफार्मरों के लिए ट्रबुल शूटिंग सारिणी (चार्ट)

ट्रान्सफार्मरों के लिए ट्रबुल शूटिंग सारिणी (चार्ट)

तालिका – सभी ट्रान्सफार्मरों के लिए ट्रबुल शूटिंग सारिणी (चार्ट)

बाधा (1), - कारण (2), - निराकरण (3)

तापमान में वृद्धि अधिक तापमान, - वोल्टेज ज्यादा होना, करेंट ज्यादा होना, - ज्यादा गर्म होने से बचने के लिए सर्किट वोल्टेज अथवा ट्रान्सफार्मर कनेक्शन बदल दे, अगर संभव हो ओ लोड घटाएँ। लोड का पावर फ़ैक्टर सुधार कर ऐसा किया जा सकता है। करेंट सर्कुलेट करने के लिए पैरेलल (समानान्तर) सर्किट चेक करें। इम्पीडेंस या गलत रेशों के चलते यह हो सकता है। इलेक्ट्रिकल ट्रबुल नीचे देखें -

तापमान में वृद्धि अधिक तापमान, -हाई एम्बीएन्ट टेम्परेचर, - हवा आने जाने के रास्ते सुधारें अथवा ट्रान्सफार्मर को लोवर एम्बीएन्ट टेम्परेचर में रखें

तापमान में वृद्धि अधिक तापमान, - अपर्याप्त कूलिंग,- अगर यूनिट कृत्रिम ढंग से प्रशीतित (ठंडा करना) की जाती है तो पर्याप्त प्रशीतन सुनिश्चित करें।

तापमान में वृद्धि अधिक तापमान,- ऑइल लोवर लिक्विड लेवल, - ऑइल सही लेवल तक भरे

तापमान में वृद्धि अधिक तापमान, - स्लज्ड ऑइल, - कोर और क्वाइलों को धोने के लिए फिल्टर प्रेशर का इस्तेमाल करें। गंदगी हटाने के लिए फिल्टर ऑइल भरें।

तापमान में वृद्धि अधिक तापमान, - शॉर्ट सर्किटिड कोर, - अधिक करेंट और नो लोड लॉस के टेस्ट करें। अगर ज्यादा निकले, तो कोर का निरीक्षण करें और सुधारें। नीचे दिए हाए इलेक्ट्रिकल ट्राबुल्स भी देखें -

इलेक्ट्रिकल ट्रबुल्स, -

वाईंडिंग फेल्यौर, - लाइटिनिंग, शॉर्ट सर्किट, - आमतौर पर जब भी किसी ट्रान्सफार्मर की वाईंडिंग फेल होती है तो ट्रान्सफार्मर स्वयं ही पावर सोर्स से डिसकनेक्ट हो जाता है।

इसके लिए लगा सप्लाई ब्रेकर या फ्यूज उड़ जाता है ।

कोर फेल्यौर, - फारेन मेटेरियल, - केस में से धुआँ अथवा शोर के साथ आने वाले कूलिंग लिक्विड को निकाल दें । जब भी वाईंडिंग फेल्यौर का सबूत मिले तो ट्रान्सफार्मर को फुल रेटेड वोल्टेज पर चार्ज (ऊर्जित) नहीं किया जाना चाहिए क्योंकि इससे ट्रान्सफार्मर को नुकसान हो सकता है । साथ ही ट्रान्सफार्मरों में आग लगाने का डर भी रहता है । सोर्स और लोड से डिसकनेक्ट करने के बाद निम्नलिखित पर नजर रखने की सिफ़ारिश की जाती है ।
-

(क) - बुशिंग, लीडस और प्वाइंट हेड को बाहरी मैकेनिकल या इलेक्ट्रिकल नुकसान

(ख) – सभी कम्पार्टमेन्टों में इंस्यूलेशन लिक्विड का लेवल

(ग) – इंस्यूलेशन लिक्विड का तापमान, जहां भी यह मापा जा सके

(घ) – इंस्यूलेशन लिक्विड अथवा सीलिंग कम्पाउन्ड में लीकेज का सबूत

अधिक गर्म करेंट, - शॉर्ट सर्किट हुआ कोर, टेस्ट कोर लॉस, अगर ज्यादा है तो - यह शॉर्ट सर्किट हुए कोर के कारण हो सकता है अगर टेस्ट कोर इंस्यूलेशन क्षतिग्रस्त हो गया है तो उसकी मरम्मत की जाए अगर लेमिनेशन एक साथ बेल्ड कर दिये गये हैं तो निर्माताओं से सलाह की जाए

अधिक गर्म करेंट, - ओपन कोर ज्वाइंट्स, - कोर लॉस टेस्ट से साबित हो जाएगा कि नुकसान ज्यादा नहीं हुआ है । जोड़ों को ठीक दें और जोड़ने वाले क्लैंपों को कस दें

गलत वोल्टेज, - अनुचित रेशों, - करेक्ट वोल्टेज के लिए टर्मिनल बोर्ड कनेक्शन अथवा रेशो एडजस्टर पोजीशन को बदल दें

ओडीबिल इंटरनल आर्किड्ग, - आईसोलेटेड मैटेलिक पार्ट,- सोर्स का तुरन्त पता लगाया जाए, यह सुनिश्चित करें कि आमतौर पर जो बही पुर्जे कसे जा सकते हैं यानी क्लैम्प और कोर वे सभी कसे हुए हों ।

ओडीबिल इंटरनल आर्किड्ग, - लूज कनेक्शन, - ऊपर के अनुसार कार्यवाही करें, सभी कनेक्शन टाइट करें

ओडीबिल इंटरनल आर्किड्ग, - लो लिक्विड लेवल जिससे लाइव पार्ट्स खुले में आ गए हैं, -ऑइल लेवल बनाए रखें

बुशिंग फ्लैश ओवर, - लाइटिनिंग, - लाइटिनिंग से पर्याप्त सुरक्षा प्रदान करें

बुशिंग फ्लैश ओवर,- गंदे बुशिंग, -बुशिंग पोरसीलेन पर अगर गंदगी जमा हो गई है तो उसे साफ करें

मैकेनिकल ट्रबुल्स -

स्क्रू ज्वाइंट से लीकेज, - चूड़ियों में कोई बाहरी पदार्थ ओवल निपल्स, खराब चूड़ियाँ, इंप्रोपर फिलर, इंप्रोपर एसेम्बली, - सभी स्क्रू कस दें

गैस्केट में लीकेज, - पुअर स्काफ़र्ड ज्वाइंट्स अपर्याप्त कम्प्रेशन गेस्केट और गेस्केट सर्फ़ेसेज की अनुचित तैयारी, - सभी स्क्रू कस दें

बेल्डिंग में लीकेज, - ट्रिपिंग स्ट्रेंस, इम्परफेक्टबेल्ड, - बेल्डिंग के लीकेज की मरम्मत की जाए

प्रेशर रेलीफ डायफ्रेम, - गलत एसेम्बली, - डायफ्रेम बदलें, जंग नमी के लिए पाइप के अन्दर देखें ट्रान्सफार्मर को यदि सम्भव हो तो सूखा दें ताकि पानी की बूंदें खत्म हो जाएँ । ऑइल टेस्त सम्भव है कि पानी की मौजूदगी न बता सके ।

प्रेशर रिलीफ़ डायफ्रेम क्षतिग्रस्त, - इंटरनल फाल्ट, कंजर्वेटर ट्रान्सफार्मर में रुका हुआ तेल प्रवाह या ब्रीदिंग, - यह देखने के लिए चेक करे कि कंजर्वेटर और टैंक के बीच वाल्व खुला है और कंजर्वेटर पर लगा वेंटीलेटर बन्द नहीं है ।

प्रेशर रिलीफ़ डायफ्रेम क्षतिग्रस्त, - गैस सील ट्रान्सफार्मर में फंस गया प्रेशर रिलीव वाल्व, - सुनिश्चित करें कि रिलीफ़ वाल्व काम कर रहा है और डिस्चार्ज लाइन के सभी वाल्व खुले हैं

प्रेशर रिलीफ़ डायफ्रेम क्षतिग्रस्त, - सील्ड ट्रान्सफार्मर में लिक्विड लेवल काफी ऊंचा है, - लिक्विड लेवल को इस तरह समायोजित किया जाए कि यह लिक्विड टेम्परेचर के अनुरूप हो ताकि लिक्विड के प्रेशर के लिए काफी जगह मिल सके ।

मोइसचर कंडेन्सेशन, - अपर्याप्त अथवा अनुचित वेंटिलेटर, - सुनिश्चित करे कि सभी ओपनिंग्स खुले हैं

ओपन टाइप ट्रान्सफार्मरों और एयरफिल्ड कम्पार्टमेंट में मोइसचर कंडेन्सेशन, डायफ्रेम क्रैक है ।, तेल में नमी, - क्रैक और क्षतिग्रस्त डायफ्रेम इन्सील्ड ट्रांसफार्मर्स के उपाय ऊपर देखें , ऑइल फिल्टर करें

ऑडियो नोइज़, - गेस्केट और ज्वाइंटस में लीकेज, - सुनिश्चित करें कि सभी जोड़ टाइट हैं । सभी पुर्जे कसें

ऑडियो नोइज़, - ट्रान्सफार्मर के सहायक पुर्जों में आवाज और कम्पन है जिससे शोर हो रहा है, - सभी पुर्जे कसें । कुछ पुर्जों में कम्पन हो सकता है । इन पर प्रेशर कम करने से यह फाल्ट दूर हो जाएगा

पेन्ट वाले स्थानों पर जंग लगना और क्षरण, - अब्रेडेड सर्फ़ेसेज और बेदरिंग (मौसम), - मशीन के खुले हिस्सों पर ग्रीज लगाएँ

बुशिंग के क्षतिग्रस्त धातु अथवा पोर्सिलेन के पुर्जे, - टर्मिनल कनेशनों पर जोर पड़ रहा है, - असाधारण ट्रान्सफार्मर के टर्मिनलों के केबिल और बस बार को पर्याप्त सपोर्ट मिलना चाहिए । अगर लीडस भारी हुई तो उन्हें बुशिंग पोर्सिलेन और टर्मिनल पर फ्लैक्सिबिल कनेक्शन देना चाहिए ताकि उन पर दबाब कम हो

ऑइल ट्रबुल्स (आई एस 1866 - 1978) -

लो डाइलेक्ट्रिक स्ट्रेंथ, - इंप्रोपर वेनटिलेशन से ओपन टाइप ट्रान्सफार्मरों में कंडेन्सेशन, - वेनटिलेशन के सभी मुंह खोलें, उनमें कोई रुकावट न हो

लो डाइलेक्ट्रिक स्ट्रेंथ, - क्षतिग्रस्त डायफ्रेम, -डायफ्रेम बदल दें

लो डाइलेक्ट्रिक स्ट्रेंथ, - , कवर एसेसरीज़ में लीकेज , - जरूरत हो तो गेस्केट दोबारा लगाएँ

लो डाइलेक्ट्रिक स्ट्रेंथ, - लीकी कूलिंग क्वाइल, - कुलिंग क्वाइल टेस्ट करे और उसकी मरम्मत करें

बेरंगत तेल, - वार्निश और कार्बनों तथा बार बार स्वीचिंग के चलते प्रदूषित अथवा कोर फैल्यौर, - अगर तेल की डाइलेक्ट्रिक स्ट्रेंथ ठीक है तो उसे रखे

आक्सीडेशन (स्लज अथवा एसिडिटी), - खुला हुआ, - कोर और क्वाइलों तथा टैंक को धोयें । तेल फिल्टर करें अथवा बदलें ।

36

ट्रांसफार्मर कंटीन्युटी/ निरंतरता - परीक्षण

ट्रांसफार्मर कंटीन्युटी/निरंतरता - परीक्षण

- किसी स्वस्थ/ठीक ट्रांसफार्मर के लिए मेगर रिजल्ट निम्नलिखित होने चाहिए –
- एचटी फेज टू फेज यानि आर – वाई, वाई – बी, बी – आर = 0
- एलटी फेज टू फेज यानि आर – वाई, वाई – बी, बी – आर = 0
- एलटी फेज टू न्यूट्रल यानि आर – एन, वाई – एन, बी – एन = 0
- न्यूट्रल टू बॉडी (अगर अर्थ किया गया हो) = 0
- इंसुलेशन टेस्ट – एचटी फेज टू अर्थ, एलटी फेज टू अर्थ, एचटी फेज टू एलटी फेज, न्यूट्रल तो बॉडी (अगर अर्थ नहीं किया गया हो) = आमतौर पर 500 मेगा ओम से ज्यादा होती हैं ।
- नोट – तापमान में हर 10 से 15 डिग्री वृद्धि पर आईआर वैल्यू आधी हो जाती है ।

37

वितरण ट्रांसफार्मर की सुरक्षा/रख - रखाव

वितरण ट्रांसफार्मर की सुरक्षा/रख – रखाव

- सुरक्षा - प्राय: ट्रांसफार्मरों की सुरक्षा प्राइमरी साइड में डीओ फ्यूज अथवा सर्किट ब्रेकर और सेकेन्डरी साइड में किट - किट (कट –आउट फ्यूज), एचआरसी फ्यूज, एमसीसीबी, डीओ फ्यूज और सर्किट ब्रेकरों द्वारा का जाती है ।
- रख - रखाव – निम्नलिखित अवयवों/पार्ट्स का रख रखाव आवश्यक होता है – ट्रांसफार्मर बॉडी, कोर तथा वाईंडिंग, इंसुलेटर बुशिंग, केबिल सीलिंग सिरे, बाहरी कनेकशन, संरक्षक/कंजरवेटर टैंक, ब्रीदर, बुकोल्ज़ रिले, विस्फोट निकास, गैस्किट्स, कूलर तथा ठंडा करने वाले पंखे, अर्थिंग और टेप चेंजर आदि मुख्य हैं ।
- रख - रखाव में तेल तापमान, तेल रिसाव, बुशिंग का रख – रखाव, ब्रीदर आदि अति आवश्यक हैं ।
- ट्रांसफार्मर विफलता के मुख्यत: कारण हैं –
- चुम्बकीय सर्किट,
- इलेक्ट्रिकल सर्किट,
- इंसुलेशन (डाई – इलेक्ट्रिक स्ट्रेंथ) पदार्थ और
- टैंक तेल आदि

ट्रांसफार्मर की खराबी के कारण -

- इंसुलेशन की क्षति, बुशिंग क्षति, स्विचिंग सर्ज अथवा लाइटिनिंग सर्ज, असंतुलन या ओवर लोडिंग, ओवर हीटिंग, तेल रिसाव/कम होना, वायुमंडल से नमी सोखना, टेप चेंजर का ठीक से काम न करना और अर्थिंग ठीक न होना, समुचित निर्धारित क्षमता के

फ्यूज उपयोग न करना खास कारण हैं ।

- एक चिन्हित न किए गए पुराने ट्रांसफार्मर की न्यूट्रल बुशिंग की पहचान करना -

- सामान्यत: जब आप ट्रांसफार्मर के एलटी साइड के सामने मुंह करके खड़े हों तो आपके बायें/सीधे – हाथ (राइट हेंड) के तरफ वाली बुशिंग न्यूट्रल बुशिंग होती है । परंतु परीक्षण भी आवश्यक होता है –

- प्राथमिक कनेक्शन कर और द्विवतीयक/सेकेन्डरी कनेक्शनों के बिना चार्ज करना । सीरीज परीक्षण भूमि (अर्थात समान वाट के दो बल्व सीरीज कनेक्शन में होना) की सहायता से एलटी साइड पर 4 बुशिंग में से दो का परीक्षण जांच लैंप से करना । यदि बल्व पूरी चमक के साथ जलता है तो दोनों बुशिंग फेज हैं, और यदि मंद/कम चमकते हैं तो एक बुशिंग न्यूट्रल है । इस प्रकार सभी बुशिंग का परीक्षण करके न्यूट्रल को चिन्हित किया जा सकता है ।

38

ट्रांसफार्मर विफलता (फेल्यौर) – कारण तथा रोकने के उपाय

ट्रांसफार्मर विफलता (फेल्यौर) – कारण तथा रोकने के उपाय

किसी ट्रांसफार्मर की विफलताओं के विभिन्न कारणों का अध्ययन करके उसे रोकने का उपाय ढूंढ लेना बहुत आसान है । ट्रांसफार्मर की विफलताओं और उन्हें रोकने के जरूरी उपाय निम्नलिखित हैं –

किसी ट्रांसफार्मर में मुख्यत: निम्नलिखित भाग होते हैं –

1. चुम्बकीय सर्किट
2. इलेक्ट्रिकल सर्किट
3. इंस्यूलेशन (डाइलेक्ट्रिक) पदार्थ
4. टैंक तेल आदि

किसी इलेक्ट्रिक प्लांट में अगर एक पुर्जा काम करना बंद कर देता है तो पूरा यंत्र सर्विस के लिए अनफ़िट हो जाता है ।

जिन कारणों से कोई ट्रांसफार्मर फेल हो सकता है, वे मुख्यत: निम्नलिखित रूप से वर्गीकृत क्यी जा सकते हैं –

1 – मैकेनिकल डैमेज के चलते विफलता । इनके कारण लगभग 5 प्रतिशत विफलताएँ होती हैं ।

2 – खराब डाइलेक्ट्रिक के कारण विफलता – आमतौर पर ये खराब तेल और प्रमुख इंस्यूलेशन के घिसने से होती हैं ।

अ – वाईंडिंग में क्षति के कारण विफलता – आमतौर पर ये क्वाइलें छोटे इंस्यूलेशन और टर्मिनल गियर घिसने के कारण होती हैं । इस कारण से 70 से 80 प्रतिशत विफलताएँ होती हैं ।

ब – खराब मैग्नेटिक सर्किट के कारण विफलता – इस प्रकार के मामले बहुत कम होते हैं ।

उक्त सभी विफलताएँ निम्नलिखित कारणों से हो सकती हैं –

खराब कारीगरी और निर्माण -

दोषपूर्ण या खराब संचालन/ऑपरेशन (लापरवाही, अपर्याप्त सुपरविजन और लगातार खराब परिस्थितियां)

मैकेनिकल क्षति के चलते विफलता –

आमतौर पर ये तेल लीक होने और बुशिंग पर फ्लैश होने के कारण होती है ।

1. अगर मेन टैंक की बेल्डिंग खराब है और फिटिंग ठीक नहीं है तो लीकेज हो सकता है । इसके चलते तेल लीक होगा और वाईंडिंग गरम हो जाएगी तथा उपकरण खराब हो सकता है । परिवहन के दौरान लापरवाही से उठाने के चलते भी लीकेज हो सकता है ।
2. कोयले की धूल, नमक अथवा रसायन बुशिंग पर जमा हो सकते हैं जिसके कारण फ्लैश ओवर हो सकता है । बुशिंग के ऊपर खड़िया मिट्टी की बारीक परत डालने से बुशिंग बचे रहेंगे । अनेक सब – स्टेशनों पर ऐसा सफलतापूर्वक किया जा चुका है ।
3. ट्रांसफार्मर के समानान्तर और अनुपात में अन्तर के साथ इम्पीडेंस की प्रतिरोधकता के कारण भी ओवरलोडिंग हो जाती है । इससे ट्रांसफार्मर गरम हो जाता है और ब्रेक डाउन होता है ।
4. ट्रांसफार्मर के आसपास काफी खुली जगह होनी चाहिए ताकि गर्मी निकल जाए । अगर दो ट्रांसफार्मर एकदम नजदीक लगाए जाते हैं तो उनके तेल का तापमान बढ़ जाता है और क्वाइल इंस्यूलेशन खराब हो जाते हैं ।
5. किसी ऑइल कूल्ड ट्रांसफार्मर के टॉप पर भाप विस्फोटक हो सकती है । ऐसी जगहों पर खुले लौ वाला दीपक लाने से नुकसान हो सकता है ।
6. वाटर कूल्ड ट्रांसफार्मरों में ट्यूबों में रुकावट आ सकती है जिससे क्वाइल गरम हो सकती हैं । इसलिए इनकी समय समय पर सफाई होती रहनी चाहिए ।

डाइलेक्ट्रिक सर्किटों की विफलता -

1 – ब्रीथिंग एक्शन के दौरान टैंक में नमी घुस जाती है, ऐसा तब होता है जब ट्रांसफार्मर ब्रीडर का मेंटीनेंस (संधारण/अनुरक्षण) सही नहीं होता । इससे तेल की डाइलेक्ट्रिक स्ट्रेंथ घाट जाती है और ब्रेक डाउन होता है ।

2. - अगर ट्रांसफार्मर पर लम्बे समय तक ओवरलोडिंग होती है तो तेल की ताकत घट जाती है अगर तांबा और जस्ता मौजूद हो तो यह और बढ़ सकता है । जब भी तेल का तापमान बढ़ता है, स्लज (कीचड़) तेजी से पैदा होने लगता है ।

तेल की सुरक्षा -

1 - डाइलेक्ट्रिक स्ट्रेंथ (परा वैद्युत शक्ति) – एक मिनट के लिए 30 केवी (स्टेडर्ड 50 केवी) (4 मिमी या 0.178 इंच गैप के बीच)

2 - एसिडिटी (अम्लता) – ऑइल सेटिसफैक्टरी (तेल संतोषजनक) केओएच प्रतिग्राम पीछे 0.7 मिलीग्राम (0.5 से 1.0) तक

उस वैल्यू के ऊपर बार बार सैंपल (नमूना) लेकर एसिडिटी वैल्यू पर तब तक नजर राखी जाए जब तक एसिडिटी 1.0 तक हो जाए । ऐसा होने पर वह तेल वह तेल फेंक दिया जाना चाहिए ।

3 – सर्विस के दौरान तेल का कुछ हिस्सा भाप बनाकर उद जाता है । समय समय पर ट्रांसफार्मर ऑइल डालने के लिए ताजा और छना हुआ ट्रांसफार्मर ऑइल जरूरी है, वरना ट्रांसफार्मर जल्दी गरम होने लगेगा ।

4 – नेरो ऑइल डक्ट (तंग तेल डक्ट) और हवा निकालने का कम/पतला रास्ता किसी ट्रांसफार्मर का कार्यकाल कम कर देते हैं । ऐसी हालत में क्वाइल इंस्यूलेशन खराब हो जाती है ।

5 – कभी कभी दो फेजों के बीच की जगह काफी नहीं होती है । अगर इनके बीच प्रेशबोर्ड बेरियर डाला जाय तो हालत और खराब हो सकती है ।

6– टर्मिनल लीड के लिए लकड़ी की डक्ट लगायी जाती है जो एकदम सुखी होनी चाहिए वरना इनके कारण टेपिंग लीड के बीच शॉर्ट सर्किट हो सकता है ।

7– इंस्यूलेटिंग ऑइल की ताकत ऊपर तैरने वाले बाहरी कणों के कारण कम हो जाती है । इसके कारण फेल्यौर और ब्रेक डाउन हो सकता है ।

8– जब भी ऑइल की एसिडिटी वैल्यू बढ़ जाती है, इसके कारण ट्रांसफार्मर में लगे धातु के कल पुर्जो में ओक्सीडेशन बढ़ जाता है और ब्रेक डाउन हो जाता है ।

इलेक्ट्रिक सर्किट में फाल्ट -

1 - जब भी क्वाइल के फैब्रिक इंस्यूलेशन में नमी आ जाती है, शॉर्ट सर्किट हो सकता है क्वाइल पर लगा वार्निश अंदर की परतों तक घुस जाता है जिससे अधिकांशत: ट्रांसफार्मर विफल हो जाता है ।

2 – तांबे के कंडक्टरों के नुकीले सिरे के कारण आसपास के टर्न में शॉर्ट सर्किट हो सकता है । ऐसा तब होता है जब ट्रांसफार्मर में कम्पन होता है, लोड बढ़ता है और वाईंडिंग्स पर बार बार स्किचिंग सर्जस अथवा शॉर्ट सर्किट के कारण इलेक्ट्रो मैग्नेटिक शॉक लगता है ।

3. - क्वाइल पर एक या ज्यादा मोड़ के कारण वह अलग हट जाती है और उनके बीच होने वाले शॉर्ट सर्किट के कारण बाहरी शॉर्ट सर्किट हो सकता है । यह संभावना तब ज्यादा है जब हौज की सफाई ठीक से नहीं की जाती । ब्रेकडाउन तुरन्त बहले ही न हो, लेकिन ट्रांसफार्मर में कम्पन और लोड बढ़ाने के कारण ब्रेक डाउन हो सकता है ।

4. - गलत ठंग से सुख जाने और खराब आई आर वैल्यू के साथ पूरे वोल्टेज के इस्तेमाल के परिणामस्वरूप साथ लगी परतों के बीच इंस्यूलेशन फेल हो सकता है । 11 केवी/433 वोल्ट वितरण ट्रांसफार्मर के सुरक्षित आईआर वैल्यू निम्नानुसार दिए जा रहे हैं -

तापमान डिग्री सेन्टीग्रेड में , - वितरण ट्रांसफार्मर (एचटी – अर्थ (मेगाओम), एलटी – अर्थ (मेगाओम),

एचटी - एलटी (मेगाओम)

60 डिग्री सेन्टीग्रेड - 50 (मेगाओम), 25 (मेगाओम) , 50 (मेगाओम)

50 डिग्री सेन्टीग्रेड - 100 (मेगाओम), 50 (मेगाओम) , 100 (मेगाओम)

40 डिग्री सेन्टीग्रेड - 200 (मेगाओम), 100 (मेगाओम) , 200 (मेगाओम)

30 डिग्री सेन्टीग्रेड - 300 (मेगाओम), 200 (मेगाओम) , 300 (मेगाओम)

जब भी एम्बीएंट टेम्परेचर पर रीडिंग ली जाए, तापमान भी नोट किया जाए ।

5 – एक दम से लोड चेंज होने पर कंडक्टरों में प्रसारण और संकुचन (बढ़ना और सिकुड़ना) हो सकता है जिससे इंस्यूलेशन फेब्रिक क्षतिग्रस्त हो सकता है ।

6 - जहां भी क्वाइलें (एचवी) काफी बड़ी रेडियल डैप्थ के डिजाइन की जाती हैं, और उनकी ऊंचाई कम होती है, ऐसी हालत में क्वाइलों के अन्दर हॉट स्पॉट डेवलप हो सकते हैं क्योंकि वहाँ काफी मात्रा में तेल नहीं जा पाता । उसके कारण इंस्यूलेशन भुरभुरा हो सकता है और शॉर्ट सर्किट सम्भव है ।

7 – अगर जोईंटस ठीक नहीं हैं और तेल में कार्बन पैदा हो रहा है तो लोड पड़ने पर ओवर हीटिंग हो सकती है । इसके कारण कॉपर क्वाइल में कुछ दूर तक गर्मी जा सकती है और इंस्यूलेशन खराब हो सकता है ।

8 – जब बाहरी शॉर्ट सर्किट होता है तो क्वाइल तेजी से अपनी जगह से हट जाती है जिसके परिणामस्वरूप आन्तरिक असन्तुलन और इलेक्ट्रो मैग्नेटिक हालात पैदा हो जाते हैं ।

9 – अगर ट्रांसफार्मर पर लगातार हैवी ओवरलोड बना रहता है तो इसके कारण टैंपरेचर बढ़ जाता है । क्वाइल इंस्यूलेशन खराब हो जाता है और कुछ समय बाद कंडक्टर भी खराब हो जाते हैं और मोड के पास शॉर्ट सर्किट होते हैं । उनपर जमा गंदगी के चलते गर्मी पैदा होती है । ऐसे में ट्रांसफार्मर ओवर लोड बर्दाश्त नहीं कर पाते और उनके फेल होने की संभावना बढ़ जाती है ।

10 – लीड को एडजस्ट करने वाली टेप को इस तरह संभाला जाए कि गलत लीड जुड़ न जाए । अगर ऐसा होगा तो वाईंडिंग्स में शॉर्ट सर्किट पैदा होगा और मोड़ के पास फाल्ट आ जाएगा ।

11. – यह सुनिश्चित किया जाना चाहिए कि बोल्ट से कसे जोड़ और कनेक्शन पूरी तरह से टाइट और लॉक हैं वरना कम्पन के कारण ये ढीले हो जाते हैं और बहुत जल्दी गरम हो जाते हैं ।

अ – आमतौर पर बड़े तंत्रों में ट्रांसफार्मर पर एडजस्ट करने लायक क्वाइल लगाए जाते हैं अगर यह क्वाइल ठीक नहीं लगे होते तो वाईंडिंग्स पर ज़ोर पड़ता है और कुछ कंडक्टर अपनी जगह से हट जाते हैं जिनके कारण उनके बीच शॉर्ट सर्किट हो जाता है ।

आ – निम्नलिखित कारणों से भी शॉर्ट सर्किट ब्रेक डाउन और इंस्यूलेशन में खराबी हो सकती है –

* लाइटिनिंग बढ़ने से क्वाइल को नुकसान पहुंचता है ।
* बढ़े हुए वोल्टेज के कारण खुले टेपिंग हिल जाते हैं । इसके लिए इन जगहों पर अतिरिक्त इंस्यूलेशन होना चाहिए ।

मैग्नेटिक सर्किटों में विफलताएँ -

1. बोल्ट डालकर लेमिनेशन को कोर और योक के साथ कस दिया जाता है बोल्टों के बीच इंस्यूलेशन रखे जाते हैं । इसके कारण लेमिनेशन में शॉर्ट सर्किट होता है अगर इस तरह का फाल्ट जो दो बोल्टों में एक साथ हो तो शॉर्ट सर्किट हो सकता है ।

अगर दो पुर्जों के सिरों पर लगे हुए बोल्ट एक साथ फेल हो जाते हैं तो इसके कारण यंत्र प्रभावित होता है । इससे जो गर्मी पैदा होती है वो इतनी तेज होती है कि पूरा कोर खराब हो जाता है और इसके कारण पास के वाईंडिंग के मोड़ों पर शॉर्ट सर्किट हो जाता है ।

2 – योक और जोड़ने वाले बोल्टों के मध्यवर्ती लेमिनेशन के बीच इंस्यूलेशन फेल हो सकता है । इसके कारण होने वाले नुकसान की चर्चा पहले की जा चुकी है । इससे ट्रांसफार्मर को नुकसान पहुंचता है ।

3 – कोर क्लैंपिंग बोल्ट सुरक्षित रूप से टाइट होने चाहिए ताकि कम्पन के कारण उन्हें नुकसान न पहुंचे ।

4 – यह सुनिश्चित किया जाना चाहिए कि कोर और योक लेमिनेशन के सिरे पर जलन न पैदा हो, क्योंकि इनके कारण लेमिनेशन में लोकल शॉर्ट सर्किट पैदा हो सकता है ।

5– किसी तैयार ट्रांसफार्मर के लेमिनेशन के बीच मेटेलिक गिलिंग नहीं होनी चाहिए । इनसे शॉर्ट सर्किट हो सकता है ।

अत: यह देखने में आया है कि -

i. ट्रांसफार्मर का कोई भी पुर्जा फेल हो सकता है । किसी विफल ट्रांसफार्मर को खोलने पर यह पक्के तौर पर कहना मुश्किल होता है कि विफलता का कारण क्या था, इसका कारण यह है कि ब्रेक डाउन होते ही फेल होने के कारण खत्म हो जाते हैं । परिणाम यह कि विफलता का कारण धुढ़ना सैफ अनुमान पर आधारित होता है । ट्रांसफार्मर का अध्ययन ध्यानपूर्वक किया जाना चाहिए और विफल होने की परिस्थितियों और मौसम पर ध्यान दिया जाना चाहिए । यह भी जरूरी है कि विवरण सावधानी से नोट किए जाएँ ।

ii. निर्माताओं के लिए जरूरी है कि वे ट्रांसफार्मरों का डिजाइन और निर्माण सावधानी से करें और बाजार में प्रतियोगिता को देखते हुए गुणवत्ता की अनदेखी न करें । इसी तरह से ट्रांसफार्मर खरीदने वाले को भी गुणवत्ता का ध्यान रखना चाहिए और कीमत पर नहीं, निष्पादन गारंटी पर भी ध्यान देना चाहिए ।

किसी भी बिजली की मशीन के सुरक्षित और कुशल संचालन का मूलमंत्र है सही समय पर सही ढंग से उसका रखरखाव करना । इसके लिए जो मानक और समय तालिका तैयार की जाती है उस पर समुचित रूप से ध्यान दिया जाना चाहिए । अगर बिजली संगठन इनका पालन करें तो काफी हद तक ट्रांसफार्मरों का फेल होना रुक सकता है ।

39

वितरण ट्रांसफार्मर विफलताओं (फेल्योर) का वर्गीकरण

वितरण ट्रांसफार्मर विफलताओं (फेल्योर) का वर्गीकरण

प्रमुख विफलता -

इंसुलेशन विफलता

एचटी कोइल को हानि

एलटी कोइल को हानि

कोर और लेमिनेशन को क्षति

तेल का खराब/रिसना होना

टेप स्विच और टेप व्यवस्था

एचटी जमफर टूटकर रेडिएटर पर गिरना

मामूली विफलता -

तेल नमूना संतोषजनक नहीं होना

लीड कनेकशन कटे हुए होना

बुशिंग रोड का घिस जाना

बुशिंग क्रेक होना/टूटना

गैस्किट्स में लीकेज होना

बेल्डिंग में लीकेज

आईआर वैल्यूज में कमी होना

गेज ग्लास/काँच टूटे होना

वेंट डायाफ्राम टूटा होना

ब्रीदर घिस जाना
ढीले/लूज जमफर

40

वितरण ट्रांसफार्मर विफलता/फेल्योर की जांच

वितरण ट्रांसफार्मर विफलता/फेल्योर की जांच

बाहरी चेक अप -

उपलब्ध तेल लेवल और मात्रा

ऑइल लीकेज की जगहें

ब्रीदर और सिलिका जेल की हालत

बुशिंग और बुशिंग रोड की हालत

वेंट डाइफ्रेम की हालत

वाल्वों की स्थिति

आईआर वैल्यू एवं कंटीन्युटी (निरन्तरता)

तेल पर बीडीवी (ब्रेक डाउन वोल्ट) टेस्ट

आन्तरिक सत्यापन -

सभी तीन फेजों में एचटी क्वाइलों की हालत

क्वाइल (डेल्टा और स्टार) के लीड कनेक्शनों का चेक अप

कोर की स्थिति

टैप स्विच और कनेक्शनों की स्थिति

कोर अर्थिंग की स्थिति

तेल की भौतिक स्थिति और तेल में विद्यमान स्लज (कीचड़) और नमी

ठीक ठाक होने की जांच -

एलवी साइड में 15 वोल्ट इंजेक्ट करके एचटी क्वाइल के स्टाक वोल्टेज की माप

एलवी फेज और न्यूट्रल में 15/03 वोल्ट इंजेक्ट करके एचटी फेज क्वाइल और अन्य क्वाइलों का वोल्टेज नापना

400 वोल्ट एचवी साइड पर इंजेक्ट करके और एलवी साइड पर शॉर्ट सर्किटिंग के जरिए टेस्ट करना ।

41

वितरण ट्रांसफार्मर विफलता से बचाने के लिए केस - स्टडी

वितरण ट्रांसफार्मर विफलता से बचाने के लिए केस – स्टडी

क्र, - फील्ड में नोटिस की गई खराबियों का विवरण , - प्रयोगशाला में प्रेक्षण (लैब ओब्जर्वेशन), - खराबी का संभावित कारण, - किया गया सुधार और भविष्य में खराबी रोकने के सुझाव

1, - सभी 3 एचवी फ्यूज एक घंटे के अन्दर धीरे – धीरे उड़ गए (फील्ड में देखा गया), - बुशिंग के टॉप के नजदीक एचटी लीडस इंस्यूलेशन जले पाये गए, - कंजर्वेटर ऑयल लेवल बुशिंग रोड के नीचे था तेल न होने के कारण लीड गर्म हो गईं, - इंस्यूलेशन स्लीव्स बदले गए, ऑइल लेवल ऊंचा रखने को कहा गया । यह निर्माता अथवा कम तेल गलती है ऐसा सुधार करने को कहा गया

2, - तेल निकल गया (पहले भी ट्रांसफार्मरों में ऐसा हो चुका है) , - बी फेज के पास वाली वाईंडिंग्स (टॉप और नीचे की) बिखरी (टूटी) पायी गयी, - लाइटिनिंग बढ़कर अन्दर घुस गई और टूट काकारण बनी (यह एरिया अक्सर लाइटिनिंग से प्रभावित होता है) क्योंकि बीच का फेज फील्ड में सबसे ऊपर रहता है, - क्वाइल रिवाइंड करके बदली गयी । बी फेज में पहले भी फेल्यौर हुआ था । बी फेज के एचटी एलए (लाइटिनिंग अरेस्टर) की जांच को कहा गया । सभी तीन एलए बदले गये और बाद में ऐसी विफलता नहीं हुई

3, - एलटी रोड अकारण गर्म हो गई आरपीएच घिसा था और इंस्यूलेशन टेप जला था, - कनैक्शन के अन्दर आर फेज रोड ढीला पाया गया, - जम्पर कनैक्शन के समय बुशिंग लापरवाही से उठाने के कारण कनैक्शन ढीला हो गया, - कनैक्शन टाइट किया , चेक नट इस्तेमाल और ठीक नट इस्तेमाल करने की सलाह दी गयी

4, - नापने पर एलटी वोल्टेज सही पाया लेकिन जब लीड से जोड़ा गया तो वोल्टेज गिर गया, - अन्दर के न्यूट्रल बुशिंग कनैक्शन ढीले हो गए हैं, - मेगरिंग के दौरान न्यूट्रल बुशिंग की संभाल सही नहीं थी, - न्यूट्रल कनैक्शन ठीक किया गया । बुशिंग कनैक्शन सही रखने और उसे सही ढंग से इस्तेमाल करने की सलाह दी गयी

5, - एलटी फेज सही था लेकिन आर फेज में लोड नहीं जोड़ा जा सका, - एलटी और एचटी कनैक्शन ठीक पाये गये कोई खराबी नहीं दिखाई दी । एससी (शॉर्ट सर्किट) टेस्ट से पता चला की आर फेज में करंट नहीं था हालांकि न्यूट्रल में पूरा करंट था ।, - आर फेज के सोल्डर्ड कनेक्शनों की जांच की, पाया गया कि आर फेज बॉटम डेल्टा कनेक्शन सही नहीं था (पूरी तरह कट नहीं था), - खराब कनेक्शन ठीक कर दिया गया । खराबी गलत सोल्डरिंग के कारण आयी थी

6, - सभी तीन फेजों के एचटी फ्यूज उड़ (जल) गये, - आर फेज थर्ड स्टैक में इंटरटर्न शॉर्ट था, वाई फेज फ़ोर्थ स्टैक इंटरटर्न शॉर्ट तथा बी फेज सेकेंड और फर्स्ट स्टैक में इंटरटर्न शॉर्ट था, - शक है कि नमी बहुत घुस गयी । तेल नमूना संतोषजनक नहीं, क्रैकल टेस्ट पाजीटिव रहा, - सभी अच्छे स्टैक हटा दिए गए । कोर को एलटी क्वाइल के साथ हॉट एयर चैम्बर में सुखाने दिया गया । खराब क्वाइल बदले गये । ऑइल फिल्टर करके और टेस्ट के बाद इस्तेमाल किया गया ।

7, - बी फेज में एचटी फ्यूज बार बार उड़ जाता है, -बी फेज के अन्दर की बुशिंग की लीड की इंस्यूलेशन जली पायी गयी । सभी क्वाइलें अच्छी हालत में मिली, - बी फेज के अन्दर की बुशिंग की लीड की इंस्यूलेशन जली पायी गयी । सभी क्वाइलें अच्छी हालत में मिली, - फील्ड को सलाह दी गयी कि वे हर महीने एयर रिलीज कर दें । जाली हुई इंस्यूलेशन बदल दी गयी

8, - सूचित किया गया कि –

1. सैंपलिंग वाल्व तेल नहीं निकाला जा सका क्योंकि तेल निकलता ही नहीं
2. कंजर्वेटर में ऑइल लेवल पूरा है (फील्ड में अटेंड किया गया)

मौके पर जांच की और शिकायत सही पायी, - मौके पर जांच की और शिकायत सही पायी, - निचले भाग में हवा रुकी हुई थी जिसने तेल को बाहर ढकेल दिया । सलाह दी गयी कि समय समय पर हवा निकालतें रहें और इसके लिए एयर प्लग और टॉप लिड का इस्तेमाल करें

9, - आर फेज का एचटी फ्यूज उड़ गया (ऐसा ही फेल्यौर 5 महीने पहले हुआ था), - आर फेज की एचटी क्वाइल फैल हो गयी और जगह खाली हो गयी एलटी आर फेज भी फैल हो गया, - फास्ट करंट रुक रुक कर फीड किया जाता रहा जिसके कारण भारी शॉर्ट सर्किट फोर्स पैदा हुई, - आर फेज एलटी कंडक्टर पास के न्यूट्रल से बार बार छु जाता था । फ्यूज नहीं उड़ा

। अर्थ वैल्यू ऊंची – 30 ओम थी, निर्देश दिए गए कि अर्थिंग सिस्टम सही किया जाए और ठीक क्षमता के एलटी फ्यूज लगाएँ

10, - लोड पड़ते ही एचटी फ्यूज उड़ जाता है (साइड पर अटेंड किया गया), - ऑइल लेवल सिर्फ कोर लेवल तक मिला । गेज ग्लास सही लेवल दिखा रहा था । एचटी लीड इंस्यूलेशन गर्मी के कारण जाली हुई थी । क्वाइल ठीक ठाक थे ।, - गेज ग्लास के संकेत भ्रामक हैं दरअसल तेल लेवल कम था ।, - गेज ग्लास साफ किया गया, हवा निकालने के छेद में रुकावट दूर की गयी । लीडस की इंस्यूलेशन मजबूत की गयी । ट्रांसफार्मर टीक से काम करने लगा और ठीक पाया गया ।

11, - एचटी फ्यूज उड़ गया, एलटी आईआर वैल्यू 0 (शून्य) मिली, - सभी एलटी लीडस हटा दिए गए । अब एलटी मेगर वैल्यू 30 ओम हैं, - 0 (शून्य) आईआर वैल्यू एलटी लीडस पर है और ट्रांसफार्मर पर नहीं हैं ।, - निर्देश दिये गये कि एलटी लाइनों और केबिलों का निरीक्षण किया जाए और खराबियाँ दूर की जावें ।

12, - एचटी फ्यूज उड़ गया है, - सी फेज के कोर और चैनल शॉर्ट सर्किट हैं । क्वाइल टॉप स्टेक और लीडें भी शॉर्ट सर्किट हैं । कोर की अर्थिंग नहीं मिली, - कोर को अर्थ नहीं किया गया (मरम्मत के बाद अर्थिंग नहीं की गयी जब तब के वोल्टेज से शॉर्ट सर्किट हुआ), - अर्थिंग सिस्टम ठीक करने को कहा गया ट्रांसफार्मर कदम हो गया क्योंकि लेमिनेशन जल गये ।

13, - असमान वोल्टेज के कारण दो बार ट्रांसफार्मर बदला गया, प्रयोगशाला में लाए गए दोनों ट्रांसफार्मर में कोई खराबी नहीं मिली, सलाह दी गयी कि जम्पर कट कर के लाइन का निरीक्षण किया जाये, - सूचना दी गयी कि लोड साइड की एक फेज वाला लाइन कट अन्दर आ रहा था । थ्री फेज ठीक ठाक है और पिन इंस्यूलेटर में है (यह ट्रांसफार्मर पानी से भरी झील के बीच स्थित है)

14, - असमान वोल्टेज के कारण हटा दिया गया आईआर वैल्यू और कंटीन्युटी (निरन्तरता) ठीक है, - बी फेज के नीचे डेल्टा कनेक्शन काटा हुआ है, - यह पुराना पड़ने और घिसावट के कारण हो सकता है, - कंटीन्युटी टेस्ट ठीक ठाक है क्योंकि यह डेल्टा से कनेक्टेडहै सोल्डर किया गया और इस्तेमाल के लिए भेज दिया गया

15, - एचटी फ्यूज उड़ गया है । आईआर वैल्यू और कंटीन्युटी (निरन्तरता) ठीक है, - सेकेंड स्टेक में बी फेज क्वाइल इंटरटर्न शॉर्ट है । क्वाइल की सेटरिंग नहीं मिली और अर्थ का संकुचन भी नही पाया गया, - पुराना पड़ने के कारण इंस्यूलेशन फेल हुआ वाईडिंग के अर्थ कोनटेक्ट नहीं मिले । आई आर वैल्यू ठीक ठाक हैं , - विफल स्टेक बदले गये और वापस भेजे गये । कनेक्शन और सोल्डर्ड रोड की फ्लैक्सीबिलिटी बधाई गयी

16, - असमान वोल्टेज । बी फेज एचटी में कंटीन्युटी (निरन्तरता) नहीं पायी गयी, - बी फेज बुशिंग रोड की एचटी लीड बाहर निकाल आयी थी ।, - लीड टाइट थी इसीलिए रोड से निकाल आयी, - कनेक्शन की फ्लैक्सीबिलिटी बढ़ाई गयी और रोड सोल्डर किया गया

17, - लगातार तीन टेस्टों में ऑइल सैंपल संतोषजनक नहीं मिले, - आईआर वैल्यू बहुत कम और नमी तथा स्लाज बहुत ज्यादा मिली । वेंट पाइप डाइफ्रेम टूटा था गेज ग्लास टूट गया था जबकि ब्रीदर ठीक ठाक था ।, - पुराना पड़ने और वेंट पाइप तथा गेज ग्लास से पानी घुस जाने के कारण स्लेजिंग हुई ।, तेल पूरी तरह निकाल दिया गया । कोर और क्वाइल साफ किए गए । चैम्बर में सुखाए गए । गर्म तेल को ने तेल के साथ मिलाकर सर्कुलेट किया गया नए तेल की जांच की गयी और ठीक मिला

18, - कुछ निर्माताओं द्वारा बनाए गए ट्रांसफार्मर बार बार फैल होते हैं, - जांच करने आर पता चला कि उनमें जितना नेम प्लेट पर लिखा गया है यानी 260 लीटर, उससे तेल 30 लीटर कम मिला, - तेल काफी न होने और टैंक तथा कोर और टॉप कवर, लीडों के बीच कम जगह विफलता हुई ।, खरीद शाखाएँ कंपनी के साथ संपर्क किया है, (कूलिंग व्यवस्था निष्प्रभावी) सुधार किया जाये

19, - ट्रांसफार्मर बाहर से जल गया तीनों एचटी फेज जल गये एचटी और एलटी बुशिंग भी बस्ट हो गई तेल निकल गया (माह जून का महीना), ट्रांसफार्मर के आईआर वैल्यू और कंटीन्युटी टेस्ट ठीक पाये गए, - स्थल निरीक्षण पर पाया गया कि ट्रांसफार्मर के साथ एलटी केबिलों में आग लगाने से ट्रांसफार्मर बाहरी सतह पर जला और फ्यूज जले और बुशिंग बस्ट हुई तेल निकला परन्तु अन्दर कोई खरबी नहीं पायी । एलटी बुशिंग रिसाब को हर हालत में रोका जावे, अन्यथा की स्थित में अधिक गर्मी के कारण केबिलों के इंस्यूलेशन ने ऑइल रिसाव के कारण आग पकड़ ली ।

निरीक्षण पर पाया गया कि अन्दर से ट्रांसफार्मर पूरी तरह से ठीक है । ट्रांसफार्मर की एचटी एलटी बुशिंग और लीड कनेक्शन ठीक करके ट्रांसफार्मर तेल बदलकर ट्रांसफार्मर चालू किया गया । गर्मी के दिनों में एलटी कनेक्शनों को ठीक रखा जावे, एलटी बुशिंग से हल्के ऑइल रिसाव और ज्यादा गर्मी के कारण तेल लगी केबिलों के इंस्यूलेशन ने आग पकड़ ली जिससे बाहरी रूप से ट्रांसफार्मर जल गया और फ्यूज भी जल जाने से अन्दर की क्वाइल लोड समाप्त होने से बच गयी ।

20, - सही वोल्टेज न मिलने के कारण ट्रांसफार्मर दो बार बदला गया, - प्रयोगशाला में लाये गए दोनों ट्रांसफार्मर ठीक मिले

सलाह दी गई कि एलटी लाइन को काटकर वोल्टेज नापें, वोल्टेज ठीक मिले, लाइन भी ठीक मिली, मोटर के स्टार्टर के कनेक्शन ठीक नहीं थे ।, निरीक्षण पर पाया कि ट्रांसफार्मर और लाइन दोनों ठीक हैं परन्तु तीन पोल दूर नदी के किनारे एक 75 अश्व शक्ति (हॉर्स पावर) वाटर वर्क का कनेक्शन हैं जिसका स्टार्टर डेल्टा/स्टार कनेक्शन गलत पाये गए ।

42

वितरण ट्रांसफार्मरों की विफलता (फेल्यौर) घटाने के लिए निर्देशन

वितरण ट्रांसफार्मरों की विफलता (फेल्यौर) घटाने के लिए निर्देशन

ओवर लोड ट्रांसफार्मरों के लोड सीमित रखने हेतु ट्रांसफार्मर क्षमता वृद्धि अथवा अतिरिक्त ट्रांसफार्मर लगाएँ ।

ट्रांसफार्मर के लोड का बेलेंसिंग करते रहें ।

ट्रांसफार्मर की क्षमता अनुसार मेंन केबिल और फीडर केबिलों का उपयोग करे ।

खराब अर्थिंग की जगह, दुबारा नई अर्थिंग करें ।

डेल्टा और न्यूट्रल के सभी ज्योइंटस लग्स का उपयोग कर करें ।

ढीली लाइनों (लूज स्पेन) वाली एलटी लाइनों के तार (कंडक्टर) खीचें तथा लाइनों के फेजों के बीच स्पेसर लगाएँ ।

एलटी लाइनों को छूने वाली पेड़ों की डालियां/टहनिया छांटें ।

उचित (सही) क्षमता के फ्यूज दोनों तरफ लगायें ।

ट्रांसफार्मर ऑइल लीकेज को रोकें । ऑइल लेवल कम है तो ऑइल टोपिंग (डालें) करें ।

ट्रांसफार्मर के ब्रीदर का खराब सिलिकाजेल बदलें, तथा यह भी सुनिश्चित करें कि ब्रीदर की निचली केप में ऑइल होना जरूरी है और उसका निचला छेद खुला होना जरूरी है जिससे सांस लेने की प्रक्रिया होती रहे ।

एचवी और एलवी बुशिंग के कोनीकल वाशर ओवर लोड हीटिंग अथवा ज्यादा कसने से खराब हो जाते हैं, उन्हें बदलते रहे ।

लाइटिनिंग अरेस्टर (एलए, तड़ित चालक, तरंग निरोधक) जो खराव हैं उन्हें बदलें ।

टिप्पणी –

ट्रांसफार्मर का फिल्टरेशन 60 डिग्री सेन्टीग्रेड और 65 डिग्री सेन्टीग्रेड के बीच के तापमान पर किया जाना चाहिए कृपया नोट करें कि ऊंचा तापमान तेल की गुणवत्ता (ऑइल क्वालिटी) खराव कर देता हैं ।

हीटिंग चैम्बर में एक सर्क्युलेटिंग फेन लगाएं ताकि कमरों में सभी कोर और वाईंडिंग समान रूप से गरम हों ।

हीटिंग चैम्बर में एक सुविधाजनक जगह पर आग बुझाने के यंत्र रखे ।

परीक्षण के दौरान कोर रखने के लिए जीआई ट्रे उपलब्ध कराई जाती है ताकि उनका तेल नीचे न गिरे ।

टैंक की सफाई ब्रुश मारकर की जानी चाहिए ताकि जमा हुआ स्लज (कीचड़) निकल जाए ।

तेल की फिल्टरिंग एक अन्य पम्प से इस प्रकार की जाए कि उसमें नीचे जमी हुई गंदगी निकल जाए ।

मरम्मत के बाद भरने के लिए साफ और टेस्ट किया हुआ तेल इस्तेमाल करें ।

प्रत्येक संभाग (डिवीजन) में पार्टी सब डिवीजन (उपसंभाग) में एक ट्रांसफार्मर मेंटीनेंस गेंग बनाकर नियमित मेंटीनेंस कार्य चलाना चाहिए ।

गाँव स्तर पर प्रत्येक गाँव को एक यूनिट (इकाई) मानकर उस गाँव में स्थापित ट्रांसफार्मरों के लोड आपस में एडजस्ट करने चाहिए, जिससे किसी विशेष ट्रांसफार्मर पर लोड अधिक न रहे ।

ट्रांसफार्मर से संबन्धित उपभोक्ताओं की सुरक्षा समिति का गठन करें जिससे ट्रांसफार्मर की उचित देखभाल होती रहे, ट्रांसफार्मर तेल चोरी, ट्रांसफार्मर चोरी, ट्रांसफार्मर से होने विद्युत चोरी, अनाधिकृत छेड़ - छाड़ को रोका जा सके ।

ट्रांसफार्मर मरम्मत करते समय खास बातें –

ट्रांसफार्मर की मरम्मत करते समय इन बातों का ध्यान रखना जरूरी है –

मेसर्स ---- , नाम ---- , निरीक्षण दिनांक ----- पद ----- , पदनाम और उस अधिकारी का नाम जिसने पहले निरीक्षण किया था ।

क्या वे केवल वितरण ट्रांसफार्मर की मरम्मत कर रहें है अथवा पावर ट्रांसफार्मर का विवरण -

1. उठाने की क्षमता – क्रेन/गेंट्री/अन्य, टैंक उठाने की क्षमता, ऊंचाई जहां तक कोर और वाईंडिंग (सी एंड डब्ल्यू) नीचे से उठाए जा सकते हैं ।

2. फिल्टरों के विवरण उपलब्ध टिप्पणियां – मेक – क्षमता के यू एच आर

3. हॉट एयर चैम्बर का आकार – लम्बाई, चौड़ाई, ऊंचाई, हीटरों की क्षमता थर्मोस्टेट के डब्ल्यू संख्या पर कोई अन्य सेट किया गया विवरण, वह चैम्बर जिसमें सर्क्युलेटिंग फेन लगाया गया है अथवा वेकयुम सुविधा है ।

4. एचवी वाईंडिंग मेकेनिक्स – मेक, क्रम संख्या, हैड सेमी आटोमेटिक, आटोमेटिक, काउंटर के विवरण तथा परिधि, वायर के लिए बनाए गए ज्योइंटिंग के प्रकार

5. एलवी वाईंडिंग मेकेनिक्स – मेक, क्रम संख्या, रिडक्शन गियर संख्या

6. पुलिंग और लिफ्टिंग, - चेक ब्लाक्स, टाइफर्स, मेक जैक्स, हाइड्रोलिक जैक्स

7. टेस्टिंग उपकरण – मेगर (संख्या, वोल्टेज क्लास), वोल्टमीटर, टोंग टेस्टर, अमीटर, केडब्ल्यू मीटर, डीसी रेजिस्टेंस माप, ब्रिज, फ्रीक्वेन्सी मीटर (संख्या, मीटरों की रेंज) हाई वोल्टेज़ उपकरण, इण्ड्युस्ड डबल वोल्टेज । डबल फ्रीक्वेन्सी टेस्ट, लोड टेस्ट – कहाँ तक, नो लोड लॉस माप, हाइड्रोलिक टेस्ट ऑन टैंक्स, भारतीय मानक के अनुसार अन्य टेस्ट के लिए उपलब्ध उपकरण, नाइट्रोजन फिलिंग इकयुपमेंट, क्वालिटी ऑफ रिपेयर्स (मरम्मत की गुणवत्ता), वाईंडिंग कोइल्स – परतों के बीच सही इन्सुलेशन, कोइलों का कोम्पेक्टनेस, वर्टीकल डक्ट्स

वितरण ट्रांसफार्मरों की सुरक्षा -
16 केवीए से 200 केवीए क्षमता 11000/433 - 250 (1000 / 400 – 230) वोल्ट वाले पोल माउंटिड वितरण ट्रांसफार्मरों की निम्नलिखित तालिका में दिए गए विवरण के अनुसार सुरक्षा करनी होगी –
वितरण ट्रांसफार्मर सुरक्षा तालिका

वोल्टेज रेशो, क्षमता (केवीए), प्राइमरी साइड, सेकेन्डरी साइड
11000/433 – 250 वोल्ट, 16, 25, 63, 100 और 200 केवीए, ड्रॉप आउट/हॉर्न गैप फ्यूज, मोल्डेड केस सर्किट ब्रेकर (एमसीसीबी)

200 केवीए से 1600 केवीए क्षमता (11000/433, 33000/433, 33000/11000) वोल्ट की वोल्टेज अनुपात वाले जमीन (चबूतरा/प्लिंथ) पर रखे वितरण ट्रांसफार्मरों को निम्नलिखित तालिका में दिए गए विवरण के अनुसार सुरक्षा देनी होगी –
वोल्टेज रेशो, क्षमता केवीए, प्राइमरी साइड, सेकेन्डरी साइड
11000/433 – 250 वोल्ट, 315, 500/630, 1000 और 1600, एचआरसी/ एक्सपल्जन फ्यूज, एमसीसीबी
33000/433 वोल्ट, 630, 1000, 1600, एचआरसी/एक्सपल्जन फ्यूज, एमसीसीबी
33000/11000 वोल्ट, 1600 , एचआरसी/एक्सपल्जन फ्यूज, सीबी (सर्किट ब्रेकर)
आईडीएमटी टाइप के ओवर करंट और अर्थ फाल्ट रिले उनमें लगाने होंगे जिनमें सर्किट ब्रेकर लगे हैं ।

750 केवीए या इससे ज्यादा क्षमता वाले वितरण ट्रांसफार्मरों में ऑइल टेम्परेचर इंडिकेटर लगाने होंगे जिनमें अलार्म या ट्रिप के लिए एक इलेक्ट्रिकल कोनटेक्ट भी लगाया जाएगा जिसे दो इलेक्ट्रिकल कोनटेक्टो सहित वाईंडिंग कनेक्टर इंडिकेटर को खरीददार 750 केवीए या इससे ज्यादा क्षमता के वितरण ट्रांसफार्मरों के लिए विनिर्दिष्ट कर सकते हैं ।

750 केवीए या इससे अधिक क्षमता के ट्रांसफार्मरों में बकोल्ज़ रिले (अलार्म और ट्रिप कोनटेक्टस सहित) लगाए जा सकते हैं ।

जो 33 केवी और 11 केवी वाईंडिंग के वितरण ट्रांसफार्मर बाहर (आउट डोर) रखे गए हैं और जिन्हें ओवर हेड लाइनों से जोड़ा जा चुका है उन पर लाइटिनिंग अरेस्टर भी लगाए जायेंगे ।

ओवर लोडिंग और सिस्टम फाल्ट से ट्रांसफार्मरों की सुरक्षा –

ट्रांसफार्मर के विफल होने के प्रमुख कारणों में से एक है ओवरलोडिंग और बार बार होने वाले सिस्टम फाल्ट से बचाव के अपर्याप्त साधन । अक्सर लाइनमेन/उपभोक्ता रिवायरेबल फ्यूज की जगह मोटे तार लगा देते हैं, अत: उनसे वांछित परिणाम प्राप्त नहीं होते । जबकि विदेशों में अधिकतर विद्युत संगठन एलटी सर्किट ब्रेकरों का उपयोग कर रहे हैं, जिनसे ट्रांसफार्मर को ओवरलोडिंग और सिस्टम फाल्ट से सही सुरक्षा प्राप्त होती है और ट्रांसफार्मर ज्यादा दिन चलते हैं ।

आरईसी (ग्रामीण विद्युत निगम) भी एलटी सर्किट ब्रेकरों के उपयोग किए जाने की बात कहता रहा है और इसके लिए उसने अलग अलग बिल्ट इन सर्किट ब्रेकरों के विनिर्देश भी जारी किए हैं । इनके विवरण निम्नानुसार दिए जा रहे हैं –

बिल्ट इन सर्किट ब्रेकरों वाले ट्रांसफार्मर -

यह ट्रांसफार्मर के बचाव का सबसे सरल तरीका है इसमें सर्किट ब्रेकर एक छोटे घेरे के अंदर लगाए जाते हैं जो ट्रांसफार्मर का एक अभिन्न अंग होता है । लेकिन बचाव की जरूरतों के अनुरूप सर्किट ब्रेकर उपलब्ध नहीं करते जिससे ट्रांसफार्मरों में इस्तेमाल में रुकावट आ जाती है ।

पूरी तरह आत्म रक्षित (सेल्फ प्रोटेकटिड) ट्रांसफार्मर –

बचाब का यह एक व्यापक तरीका है । इस प्रकार के आत्म रक्षित ट्रांसफार्मरों का प्रयोग जिसमें एलटी सर्किट अन्दर बना होता है, 11 केवी के फ्यूज लगे होते हैं, और लाइटिनिंग अरेस्टर लगाए जाते हैं । बिजली संगठनों में ऐसे ट्रांसफार्मरों का इस्तेमाल बड़े पैमाने पर होता रहा है और पाया गया है कि इनकी विफलता दर उन ट्रांसफार्मरों के मुक़ाबले बहुत कम है जो आत्म रक्षित नहीं हैं ।

इस प्रकार के ट्रांसफार्मरों का एक लाभ यह है कि लाइटिनिंग अरेस्टरों को सही जगह लगाने से अतिरिक्त बचाव होता है । इन्हें एचटी बुशिंग के समानान्तर लगाया जाता है । वैसे तो अन्दर की तरफ लगाए गए एचटी फ्यूज लिंक बाहर के मौसम और छेड़छाड़ से प्रभावित नहीं होते, लेकिन हाल ही में एक तापमान संवेदी सर्किट ब्रेकर बनाया गया है जो ट्रांसफार्मरों की ओवर लोडिंग और शॉर्ट सर्किट से रक्षा करता है । यह एलटी सर्किट ब्रेकर टैंक के अन्दर लगाया जाता है, अत: यह छेड़छाड़ और चोरी के खतरे से मुक्त होता है ।

लेकिन इस प्रकार के उपकरण के इस्तेमाल में एक प्रमुख बाधा इसकी ऊंची लागत है । यह पर्याप्त मात्रा में उपलब्ध भी नहीं होता । निर्माता इस प्रकार के आत्म रक्षित ट्रांसफार्मरों

की जरूरत पूरी करने के लिए उपयुक्त सर्किट ब्रेकर नहीं बनाते । एक और कमी यह है कि इनके चलते ट्रांसफार्मर ऑइल खराव हो सकता है क्योंकि ये टैंक के अन्दर लगाया जाता है । अन्य प्रकार के सर्किट ब्रेकर दूसरे स्थानों पर लगाए जाते हैं और उन्हें आसानी से फिट किया और सुधारा जा सकता है ।

फेल सेफ डिस्ट्रीब्यूशन ट्रांसफार्मर –

फेल सेफ डिस्ट्रीब्यूशन ट्रांसफार्मर एक नई टेक्नोलोजी के साथ तैयार किए जाते हैं औरइनके लिए आरईसी (ग्रामीण विद्युत निगम) ने एक व्यापक सुरक्षा विधि विकसित की है । आमतौर पर ये इलेक्ट्रोनिकली कंट्रोल्ड होते हैं और इसमे लगे सर्किट ब्रेकर उसे ओवरलोड, कम तेल स्तर और शॉर्ट सर्किट से बचाते हैं । अतिरिक्त सुविधा यह है कि इनमें टेम्परेरी फाल्ट की हालत में खुद ही बन्द हो जाने की क्षमता है । इसके अलावा ये ट्रांसफार्मर रिमोट कंट्रोल से लोड मेंजमेंट करने वाले उपकरणों से जोड़े जा सकते हैं । आमतौर पर 80 प्रतिशत फाल्ट ऐसे होते हैं जो टेम्परेरी किस्म के होते हैं और आटो रिक्लोजिंग के चलते ये खुद ही ठीक हो जाते हैं । इससे टिकाऊ सप्लाई सुनिश्चित होती है ।

मौजूदा ट्रांसफार्मरों की सुरक्षा –

जहां नए ट्रांसफार्मर में बिल्ट इन सर्किट ब्रेकर लगे होते हैं वही यह भी जरूरी है कि वर्तमान ट्रांसफार्मरों को पर्याप्त सुरक्षा प्रदान की जाए । ओवरलोडिंग और बार बार होने वाले सिस्टम फाल्ट ट्रांसफार्मर फेल होने के प्रमुख कारण हैं । ट्रांसफार्मर को सुरक्षा प्रदान करना बहुत महत्वपूर्ण है स्विच फ्यूज यूनिटों के वर्तमान फ्यूज की जगह चरणबद्ध तरीके से उपयुक्त एलटी सर्किट ब्रेकर लगाए जाने की जरूरत है ।

सर्किट ब्रेकर

सर्किट ब्रेकर

विद्युत (बिजली) आपूर्ति निरंतर बनाए रखना आपूर्ति कर्ता के साथ - साथ उपभोक्ता की भी मूलभूत आवश्यकता है । फिर भी विद्युत आपूर्ति निरंतर न होने के कतिपय कारण हैं । जिनमें से कुछ प्रमुख कारण इस प्रकार हैं - नियमानुसार निर्धारित समय के लिए विद्युत आपूर्ति करना शेष समय आपूर्ति न करना, विद्युत की आपूर्ति किसी व्यवधान (फाल्ट)/बाधा के कारण बाधित/बंद होना, किसी कार्य विशेष करने के लिए विद्युत आपूर्ति बंद करके उसे करना । इन सब कारणों से विद्युत आपूर्ति को बंद करना और चालू करना पड़ता है । जिस उपकरण से विद्युत आपूर्ति बंद अथवा चालू करते हैं उन्हें स्विच कहते हैं । स्विच भी मुख्यत: दो श्रेणी के होते हैं एक – ऑटोमेटिक (स्वचालित), दूसरे - मेन्युअल (हस्त चालित) और तीसरे दोनों प्रकार के (ऑटोमेटिक तथा मेन्युअल दोनों) तथा प्रत्येक फेज को अलग – अलग चालू, बंद करने के लिए सिंगल फेज स्विच और तीनों फेजों को एक साथ चालू/बंद करने किए थ्री फेज स्विच । किसी परिसर की सम्पूर्ण विद्युत आपूर्ति चालू बंद करने के लिए मुख्य (मेन) स्विच, सर्किट (परिपथ) चालू/बंद करने के लिए सर्किट स्विच तथा उपकरण विशेष को चालू/बंद करने लिए उपकरण स्विच का उपयोग किया जाता है ।

ऑटोमेटिक स्विच – ये स्विच एक निर्धारित समय पर चालू हो जाते हैं और निर्धारित समय पर बंद हो जाते अथवा किए जाते हैं । इन्हें ऑटोमेटिक (स्व चालित स्विच) कहते हैं, टाइमर की सहायता टाइम सेट किया जाता है और उसी के अनुरूप चालू बंद हो जाती हैं । मुख्यत: सड़क प्रकाश विद्युत (स्ट्रीट लाइट) व्यवस्था से सम्बन्धित स्विच । इन्हें टाइमर स्विच भी कहते हैं ।

मेन्युअल स्विच – प्रत्येक विद्युत उपकरण के लिए सर्किट (परिपथ) में उस उपकरण के चालू बंद करने के लिए एक स्विच का उपयोग होता है ।

सर्किट ब्रेकर क्या होता है ?

यह नाम से ही ज्ञात होता है कि यह एक प्रकार का इलेक्ट्रिकल मशीन या डिवाइस होता है जो सर्किट को ब्रेक अर्थात मुख्य सर्किट से अलग कर देता है। सर्किट ब्रेकर स्वयं संचालित होने वाला इलेक्ट्रिकल स्विच होता है जिसका उपयोग शॉर्ट सर्किट (short circuit) यह ओवर करेंट (over current) से विधुतीय उपकरण के रक्षा के लिए किया जाता है। इसका मुख्य कार्य विधुत परिपथ (Electric Circuit) में उत्पन्न फाल्ट को डिटेक्ट कर, फाल्ट वाले परिपथ को मुख्य सर्किट से अलग करना। सर्किट ब्रेकर परिपथ में एक स्विच की तरह ही कार्य करता है। लेकिन यह स्विच से बिलकुल अलग होता है। स्विच एक बार जल जाने

के बाद दुबारा से नया इंस्टाल करना पड़ता है लेकिन सर्किट ब्रेकर में ऐसा नहीं होता है।

एमसीबी (MCB)और एमसीसीबी (MCCB)के बीच क्या अंतर हैं?

एमसीबी और एमसीसीबी सभी प्रकार के सर्किट ब्रेकर हैं। एक सर्किट ब्रेकर एक स्वचालित रूप से संचालित विद्युत स्विच होता है जिसे विद्युत सर्किट को एक अधिभार या शॉर्ट सर्किट से अतिरिक्त धारा के कारण होने वाले नुकसान से बचाने के लिए डिज़ाइन किया गया है। इसका मूल कार्य खराबी का पता चलने के बाद करंट प्रवाह को बाधित करना है।

अलग-अलग आकार में बनाए गए विभिन्न प्रकार के सर्किट ब्रेकर हैं, छोटे उपकरणों से जो कम - करंट सर्किट या व्यक्तिगत घरेलू उपकरण की रक्षा करते हैं, बड़े स्विचगियर पूरे शहर के उच्च वोल्टेज सर्किट की रक्षा के लिए डिज़ाइन किए गए हैं।

एमसीबी (MCB)क्या होता है?

मिनीएचर सर्किट ब्रेकर (Miniature circuits breaker) जिसे आमतौर पर एमसीबी (MCB) के रूप में जाना जाता है, एक स्वचालित स्विच है जो विद्युत सर्किट को ओवर करंट्स (over-currents) से बचाता है। यह मुख्य रूप से घरेलू सेटिंग में कम ब्रेकिंग क्षमता की आवश्यकता के लिए उपयोग किया जाता है। एमसीबी (MCB) को आमतौर पर 125A के करंट तक रेट किया जाता है, इसमें एडजस्टेबल ट्रिप विशेषता नहीं होती है और ऑपरेशन में थर्मल या इलेक्ट्रोमैग्नेटिक हो सकते हैं।

एमसीसीबी (MCCB)क्या होता है?

मोल्डिड केस सर्किट ब्रेकर (Molded Case Circuit Breaker), जिसे एमसीसीबी(MCCB) के रूप में संक्षिप्त किया गया है, एक सर्किट ब्रेकर है जिसका उपयोग बिजली के उपकरणों को ओवरलोड, शॉर्ट सर्किट, दोषों से बचाने के लिए किया जाता है। इसके करंट ले जाने वाले पुर्जे, तंत्र और ट्रिप डिवाइस पूरी तरह से इंसुलेटिंग मैटेरियल के मोल्डेड केस में समाहित हैं।

एमसीसीबी प्रणाली एक तापमान-संवेदनशील डिवाइस का उपयोग करती है जिसे थर्मल तत्व के रूप में भी जाना जाता है, साथ ही वर्तमान संवेदनशील विद्युत चुम्बकीय उपकरण जिसे चुंबकीय तत्व भी कहा जाता है ताकि समग्र यात्रा तंत्र प्रदान किया जा सके जो सुरक्षा और अलगाव उद्देश्यों के लिए निर्भर है।

मापदंड (Parameters), - एमसीबी (MCB), - एमसीसीबी (MCCB)

परिभाषा (Definition) -

एमसीबी (MCB) - यह विद्युत स्विच के प्रकार का होता है जो सर्किट को ओवरलोड या शॉर्ट सर्किट से बचाता है।

एमसीसीबी (MCCB) - यह उपकरण को अधिक तापमान और फॉल्ट करंट से बचाने वाला उपकरण है।

वोल्टेज (Voltage) -

एमसीबी (MCB) - यह एक लो वोल्टेज सर्किट ब्रेकर डिवाइस है।

एमसीसीबी (MCCB) - यह अंतरराष्ट्रीय मानकों को पूरा करने के लिए कम वोल्टेज का भी है।

रिमोट ऑन/ऑफ (Remote on/off) -

एमसीबी (MCB) - यह संभव नहीं है।

एमसीसीबी (MCCB) - यह संभव है।.

करेंट सीमा (Current limit) -

एमसीबी (MCB) - करेंट लिमिट 100 एम्पीयर तक

एमसीसीबी (MCCB) - करेंट लिमिट 2500 एम्पीयर तक

इंट्रप्टिंग रेटिंग (Interrupting rating) -

एमसीबी (MCB) - इंट्रप्टिंग रेटिंग 18000 एम्पीयर तक

एमसीसीबी (MCCB) - इंट्रप्टिंग रेटिंग 10000 से 20000 एम्पीयर तक

ट्रिप एडजस्टमेंट (Trip adjustment) -

एमसीबी (MCB) - ट्रिप एडजस्टमेंट नहीं

एमसीसीबी (MCCB) - ट्रिप एडजस्टमेंट किया जा सकता है

एमसीबी (MCB) - मिनिएचर सर्किट ब्रेकर

- एमसीबी (MCB) की कैपेसिटी 100 एम्पीयर तक की होती है यानी की 100 एम्पीयर से ज्यादा की एमसीबी (MCB) नहीं आती है
- एमसीबी (MCB) के ट्रिप करने की क्रियाविधि को एडजस्ट नहीं कर सकते
- एमसीबी (MCB)थर्मल या थर्मल मैग्नेटिक ओपरेशन पर काम करती है

एमसीसीबी (MCCB) - मोल्डेड केस सर्किट ब्रेकर

- एमसीसीबी (MCCB) एक हज़ार (1000) एम्पीयर तक की आती है।
- एमसीसीबी (MCCB) के ट्रिप करने की क्रिया को एडजस्ट कर सकते हैं।
- एमसीसीबी (MCCB) भी एमसीबी (MCB) की तरह ही थर्मल ता थर्मल मैग्नेटिक ओप्रेशन पर काम करता है।

RCCB or RCD - रेसिड्ूअल करेंट सर्किट ब्रेकर या रेसिड्ूअल करेंट डिवाइस

- आरसीसीबी (RCCB) में फेज और न्यूट्रल दोनों के कनेक्शन किये जाते हैं
- आरसीसीबी (RCCB) तब ट्रिप होती है जब कही पर अर्थ की फाल्ट होती है
- आरसीसीबी (RCCB) में आउट पुट से जो फेज लाइन निकलती है उसे वापस उसी के न्यूट्रल में आना चाहिए

- आरसीसीबी (RCCB) किसी भी तरह के फाल्ट को तुरंत भाप लेती है और 30 मिली सेकंड के अन्दर ही ट्रिप हो जाती है

ई.एल.सी.बी. (अर्थ लीकेज सर्किट ब्रेकर) (E.L.C.B.) –

भू-संपर्कन क्षरण परिपथ विच्छेदक (अर्थ लीकेज सर्किट ब्रेकर Earth-leakage circuit breaker (ELCB)) का उपयोग विद्युत धक्का (Electric Shock) बचाव के लिये किया जाता है। इसका उपयोग उन विद्युत इन्स्टालेशन्स में किया जाता है जहाँ का भू-प्रतिबाधा (अर्थ रजिस्टेंस) बहुत अधिक हो। यह युक्ति धातु के बने इन्क्लोजर्स पर पैदा हुए कम वोल्टेजों को भी भाँप (डिटेक्ट - detect) लेते हैं और परिपथ को तोड़ देते हैं। पहले इसका खूब उपयोग होता था, किन्तु अब नये इन्स्टालेशन में इसके बजाय अवशिष्ट धारा परिपथ विच्छेदक रेसिड्यूअल करेंट सर्किट ब्रेकर (RCCB) का प्रयोग होने लगा है, जो सीधे लीकेज धारा को ही डिटेक्ट करते हैं।

ACB एयर सर्किट ब्रेकर -

यह एक प्रकार का ऐसा सर्किट ब्रेकर होता है जिसमे दो इलेक्ट्रोड के बीच उत्पन्न होने वाली स्पार्किंग अर्थात आग के लपटों को बुझाने के लिए सामान्य वायुमंडलीय दाब हवा का उपयोग किया जाता है। एयर सर्किट ब्रेकर (Air Circuit Breaker) का प्रयोग 800 एम्पीयर से 10000 एम्पीयर तक प्रवाहित होने वाले ओवरलोड या शार्ट सर्किट करेंट में सर्किट के सुरक्षा हेतु किया जाता है। आज कल मार्केट में विभिन्न प्रकार के सर्किट ब्रेकर उपलब्ध है। आज कल एयर सर्किट ब्रेकर (Air Circuit Breaker) का प्रयोग आयल सर्किट ब्रेकर के स्थान पर किया जा रहा है।

ट्रांसफार्मर ऑइल फिल्टरेशन (तेल शोधन)

ट्रांसफार्मर ऑइल फिल्टरेशन (तेल शोधन)

ट्रांसफार्मर ऑइल – यह हाइड्रोकार्बनस, मिनरल, इंसुलेटिंग तथा कूलिंग ऑइल के रूप में कार्य करता है । ट्रांसफार्मर ऑइल का उपयोग इंसुलेटिंग, आर्क/स्पार्क को बुझाने, कोरोना को डिस्चार्ज करने, गर्मी (हीट) को डेसीपीटेट करने (कूलेंट), और सेलूलोस पेपर इंसुलेशन के ओक्सीडेशन को रोकने के काम में उपयोग किया जाता है ।

ट्रांसफार्मर ऑइल के गुण –

विद्युतीय गुण (इलेक्ट्रीकल प्रॉपर्टीज़) –

ट्रांसफार्मर ऑइल की डाईइलेक्ट्रिक स्ट्रेंथ (बीडीवी – ब्रेक डाउन वोल्टेज) बीडीवी 30 केवी से अधिक, डाई इलेक्ट्रिक स्ट्रेंथ फाइबर्स, पानी और अन्य कंपाउंड ऑइल में पाए जाने पर कम होती है ।

विशिष्ट प्रतिरोध (स्पेसीफिक रजिसटेन्स) (27 डिग्री सेन्टीग्रेड पर 1500 x 10 की पावर 12 ओहम प्रति सेमी, 90 डिग्री सेन्टीग्रेड पर 35 x 10 की पावर 12 ओहम प्रति सेमी) और

टेन डेल्टा (डाई इलेक्ट्रिक डेसीपेशन फेक्टर – टेन डेल्टा, ऑइल का)

रासायनिक गुण (केमीकल प्रॉपर्टीज़) –

पानी की मात्रा तेल में (वाटर कंटेन्ट इन ऑइल) 50 पीपीएम से कम, अम्ल की मात्रा तेल में (एसिड कंटेन्ट इन ऑइल) इसको KOH (पोटेशियम हाइड्रोक्साइड) के मिलाने से कम किया जाता है,

कीचड़ मात्रा तेल में (स्लाज कंटेन्ट इन ऑइल)

भौतिक गुण (फिजीकल प्रॉपर्टीज़ इन ऑइल) –

इंटर फेसीयल टेंशन इन ऑइल, फ्लेश पॉइंट (140 डिग्री सेन्टीग्रेड से अधिक), पौर पॉइंट (- 45 से – 49 डिग्री सेन्टीग्रेड से कम), विस्कोसिटी (लो) कम से कम 90, 150 डिग्री सेन्टीग्रेड पर

घनत्व (डेनसिटी) (0.4 से 0.89 x 10 की पावर 3 किग्रा प्रति घन मीटर

एंटी ऑक्सीडेंट – 0.2 से 0.5 प्रतिशत

सल्फर कंपाउंड – 1 प्रतिशत से कम

नाइट्रोजन कंपाउंड – 0.8 प्रतिशत से कम

नाइफ्थेनिक एसिड 0.02 प्रतिशत से कम

पैराफिन्स – 10 -15 प्रतिशत

नाइफ्थ्ल – अथवा साइक्लोपैराफिन्स – 60 -70 प्रतिशत

एरोमेटिक्स – 15 – 20 प्रतिशत

एस्फाल्ट रेसिंस सब्सटेन्स – 2.1 प्रतिशत

ट्रांसफार्मर ऑइल फिल्टरेशन (निस्पंदन/छानना/शोधन) –

इस प्रक्रिया में, इन्सुलेट तेल का परीक्षण और उपचार किया जाता है ताकि ट्रांसफार्मर कुशलता से कार्य करेंगे। इन्सुलेट तेल का इलाज और शुद्ध करने के लिए, ट्रांसफार्मर तेल निस्पंदन (फिल्टरेशन) प्रक्रिया की आवश्यकता होती है। तेल निस्पंदन (फिल्टरेशन) इन्सुलेट ट्रांसफार्मर तेल से कीचड़ और नमी को हटाने की एक प्रक्रिया है।

हालांकि, तेल निस्पंदन संयंत्र द्वारा मानक तेल मापदंडों के लिए तेल का यह पुनरुद्धार अप्रमाणित तेल की गुणवत्ता और इसकी प्रारंभिक प्रक्रिया पर आधारित है। यदि असंसाधित तेल मानक तेल मापदंडों से मेल नहीं खाता है, तो ट्रांसफार्मर तेल निस्पंदन का प्रयास सभी व्यर्थ है।अर्थात वह ट्रान्सफार्मर तेल उपयोग हेतु नहीं है ।

तेल फिल्टर करने (छानने) से ट्रांसफार्मर अच्छी स्थिति में रहता है और उसका जीवन बढ़ता है। तेल निस्पंदन की आवश्यकता: आधुनिक ट्रांसफार्मर और विद्युत उपकरण की बढ़ती रेटिंग आवश्यकताओं के परिणामस्वरूप सामग्री और तरल पदार्थों को इन्सुलेट करने में अधिक से अधिक विद्युत तनाव होता है। इन अधिक से अधिक तनाव से निपटने के लिए, तेलों को बेहतर होना आवश्यक है .।

ट्रांसफॉर्मर तेल कंडीशनिंग कीचड़ शोधन, नमी हटाने और गैस हटाने की एक स्ट्रीम लाइन तेल निस्पंदन प्रक्रिया है। इस धारावाहिक प्रक्रिया में पहला कदम आम तौर पर 65 डिग्री सेल्सियस तक तेल के तापमान को वांछित स्तर तक बढ़ाना है।

.ट्रांसफार्मर तेल शुद्धिकरण तेल से कीचड़, घुलित नमी और गैसों को हटाने की एक प्रक्रिया है।

इससे पहले कि हम विवरणों को संसाधित करें, देखते हैं कि ट्रांसफार्मर को शुद्ध तेल की आवश्यकता क्यों है?

ट्रांसफार्मर तेल निस्पंदन की आवश्यकता है

जैसा कि विवरण में चर्चा की गई है कि ट्रांसफॉर्मर तेल निस्पंदन के फायदे ट्रांसफार्मर तेल निस्पंदन की आवश्यकता क्यों है? यहाँ हम ट्रांसफॉर्मर तेल शोधन के लिए संक्षिप्त लाभ देखेंगे:

तेल के बेहतर इन्सुलेशन गुण और इसलिए कागज / सेल्यूलोज इन्सुलेशन जैसे अन्य मीडिया

ट्रांसफार्मर के इन्सुलेशन में बेहतर, अब ट्रांसफार्मर का जीवन और ट्रांसफार्मर के टूटने को कम करना

ट्रांसफार्मर परिसंपत्ति का जीवन लंबा, संपत्ति के निवेश पर अच्छा रिटर्न

कम टूटने और ट्रांसफार्मर की विफलता के कारण निर्बाध बिजली की आपूर्ति होती है

ट्रांसफार्मर के अच्छे प्रदर्शन के लिए हमें मानकों के साथ निर्मित और निर्मित निस्पंदन मशीनों की आवश्यकता होती है। ट्रांसफार्मर के अच्छे प्रदर्शन के लिए स्टैंडर्ड (BIS, NEMA, IEEE, IEE, ASTM, ASME, IEC) के साथ तेल शोधन मशीनों का निर्माण किया जाता है।

ट्रांसफार्मर तेल शोधन (फिल्टरेशन) प्रक्रिया

विद्युत ऊर्जा उद्योग में ट्रांसफार्मर मुख्य संपत्ति में से एक है जिसे निरंतर लाभ प्राप्त करने के लिए निर्बाध बिजली संचालन की गारंटी दी जानी चाहिए।

ट्रांसफार्मर का जीवन मुख्य रूप से तेल की मात्रा की गुणवत्ता पर निर्भर करता है।

नियमित ट्रांसफार्मर तेल निस्पंदन ट्रांसफार्मर से लंबे और सुसंगत परिणाम का आश्वासन देता है।

ट्रांसफार्मर तेल शुद्धिकरण तेल से कीचड़, घुलित नमी और गैसों को हटाने की एक प्रक्रिया है। ट्रांसफॉर्मर तेल कंडीशनिंग में कुछ हद तक तेल की अम्लता में सुधार भी शामिल हो सकता है।

एक अच्छा तेल शोधन प्रणाली मानक विनिर्देश के अनुसार मापदंडों के साथ फ़िल्टर्ड तेल देने में सक्षम है।

हालांकि, तेल निस्पंदन संयंत्र द्वारा मानक तेल मापदंडों के लिए तेल का यह पुनरुद्धार अप्रमाणित तेल की गुणवत्ता और इसकी प्रारंभिक प्रक्रिया पर आधारित है। यदि असंसाधित तेल मानक तेल मापदंडों से मेल नहीं खाता है, तो ट्रांसफार्मर तेल निस्पंदन का प्रयास सभी व्यर्थ है। इस मामले में ट्रांसफार्मर के तेल के उत्थान की वैकल्पिक विधि को अपनाया जाना चाहिए।

यहाँ हम ट्रांसफार्मर तेल निस्पंदन की विधि को वैक्यूम प्रकार डिहाइड्रेशन और सॉलिड्यूशन के अपकेंद्रित्र (सेण्ट्रीफ्युग) प्रकार को हटाने और जल पृथक्करण द्वारा देखेंगे।

ट्रांसफॉर्मर तेल कंडीशनिंग कीचड़ शोधन, नमी हटाने और गैस हटाने की एक स्ट्रीम लाइन तेल निस्पंदन प्रक्रिया है।

ट्रांसफार्मर तेल शोधन में पहला कदम

इस धारावाहिक प्रक्रिया में पहला कदम तेल का तापमान एक वांछित स्तर तक उठाना है, आम तौर पर 65 डिग्री सेल्सियस तक। यह तेल अव्यक्त गर्मी देने के लिए होता है जो बाद में डिगैसिंग (degassing) चैम्बर में तेल से नमी और गैसों को अलग करने के लिए सहायता करता है। इसके अतिरिक्त तेल की चिपचिपाहट कुछ हद तक बेहतर निस्पंदन में सहायक होती है। अनुशंसित हीटर डिजाइन को लगभग 1 से 2 डब्ल्यू / वर्ग सेमी के हीटिंग के क्षेत्र पर विचार करना चाहिए। ट्रांसफार्मर तेल शोधन संयंत्र में, हीटिंग सिस्टम को फिर से संरक्षित किया जाता है ।

ट्रांसफार्मर तेल शोधन का दूसरा चरण

ट्रांसफार्मर तेल शोधन संयंत्र का दूसरा चरण ट्रांसफार्मर तेल से कीचड़ और गंदगी को हटाना रहा है।

कीचड़ को हटाने के लिए दो विधियों का उपयोग किया गया है:

फिल्टर मोमबत्तियों द्वारा कीचड़ को हटाना। और / या

सेंट्रिफ्यूगिंग क्रिया द्वारा कीचड़ को हटाना।

फिल्टर मोमबत्तियों द्वारा कीचड़ को हटाना -

ट्रांसफार्मर तेल शोधक मशीन में फिल्टर मोमबत्तियों का उपयोग करके ट्रांसफार्मर के तेल निस्पंदन को आगे वर्गीकृत किया जा सकता है:

शास्त्रीय किनारे फिल्टर का उपयोग करके निस्पंदन

गहराई प्रकार के फिल्टर का उपयोग करके ट्रांसफार्मर के तेल का निस्पंदन।

कारतूस प्रकार के निस्पंदन के दोनों तरीके प्रचलित हैं और कुछ फायदे और नुकसान हैं।

एज टाइप फिल्टर सिस्टम को साफ किया जा सकता है और कम से कम तीन से चार बार पुन: उपयोग किया जा सकता है, हालांकि, एज फिल्टर की सफाई और फिटिंग में काफी समय और मानव प्रयास शामिल है। यह प्रणाली बड़ी मात्रा में कीचड़ को संभालने के लिए मजबूत है। प्रदूषण को दूर करने के लिए एज फिल्टर को रिवर्स प्रेशराइज्ड ड्राई एयर / नाइट्रोजन फ्लो द्वारा साफ किया जा सकता है। डि-कीलिंग के बाद पेपर स्टैक को हटा दिया जाता है और ओवन / उज्ज्वल धूप में सुखाया जाता है और पुन: उपयोग किया जाता है। यह ऑपरेशन अनुभव और कौशल सेट की मांग करता है।

बाजार में नई प्रवृत्तियों और प्रौद्योगिकी ने फिल्टर कारतूस का उपयोग करने के लिए ट्रांसफॉर्मर तेल फिल्टर मशीनों को संचालित किया है बजाय किनारे के प्रकार के स्टैक्ड फिल्टर। ये कारतूस पानी फिल्टर कारतूस के समान हैं और 500 माइक्रोन से 0.5 माइक्रोन आकार तक की शुद्धि रेंज की एक किस्म से चुने जा सकते हैं।

बढ़ते फ़िल्टर पर इन कारतूसों का उपयोग करने का लाभ है

कोई नमी भंडारण नहीं है, क्योंकि फ़िल्टर मीडिया का उपयोग गैर-हीग्रोस्कोपिक हो सकता है

कम मानवीय प्रयास और आसान उपलब्धता के साथ बदलने में आसान।

सेंट्रीफ्यूगिंग क्रिया द्वारा कीचड़ को हटाना -

तेल से गंदगी को अलग करने के लिए उपयोग की जाने वाली एक वैकल्पिक विधि अपकेंद्रित्र है। नियमित रूप से ट्रांसफॉर्मर तेल छानने या ट्रांसफॉर्मर तेल कंडीशनिंग अक्सर ट्रांसफॉर्मर तेल centrifuging के साथ उलझन में है। ट्रांसफार्मर का तेल सेंट्रीफ्यूगिंग सभी एक साथ एक अलग तकनीक है और तेल के मापदंडों में सुधार पर थोड़ा प्रभाव पड़ता है। ट्रांसफार्मर तेल से गंदगी को अलग करने के लिए इस्तेमाल किए जाने वाले सेंट्रीफ्यूज धीमी गति के प्रकार के सेंट्रीफ्यूज हो सकते हैं, जो कि उच्च स्पि पर अपकेंद्रित्र शंकु को स्पिन करने के लिए अतिरिक्त इलेक्ट्रिक मोटर की आवश्यकता नहीं होती है।

हालांकि, इस तरह के सेंट्रीफ्यूगिंग के साथ तेल से गंदगी को अलग करने की सीमाएं हैं क्योंकि ये सेंट्रीफ्यूज 10 माइक्रोन स्तर से कम गंदगी को दूर नहीं कर सकते हैं। इस प्रकार एक शक्ति चालित अपकेंद्रित्र स्पष्ट हो जाता है जो तेल कंडीशनिंग मशीन की लागत को बढ़ाता है।

सेंट्रीफ्यूज का केवल लाभ यह है कि बदलते फिल्टर तत्वों की आवर्ती लागत को बचाया जाता है। बिजली से चलने वाले सेंट्रीफ्यूज तेल से पानी निकाल सकते हैं जो मुक्त रूप में होता है लेकिन घुलित नमी का नहीं। बिजली चालित अपकेंद्रित्र के निर्माता भी अक्सर 5 पीपीएम से कम नमी के स्तर को हटाने की गारंटी नहीं देते हैं।

तेल फिल्टर मशीन में तीसरा चरण

तेल फिल्टर मशीन में तीसरा चरण ट्रांसफार्मर के तेल का निर्जलीकरण और ट्रांसफार्मर तेल का अपघटन है।

निर्जलीकरण और ट्रांसफॉर्मर तेल का क्षरण

ट्रांसफार्मर के तेल के निरार्द्रीकरण और गैसों को हटाने की इन प्रक्रियाओं को अपवाह कक्ष में निष्पादित किया जाता है। पानी, गैस और ट्रांसफार्मर के तेल के क्वथनांक के अंतर के कारण, कम दबाव, यानी निर्वात में घुलित जल तेल पृथक्करण या विघटित गैस तेल पृथक्करण संभव है। तेल से गैसों को अलग करने की प्रक्रिया में सुगंधित हाइड्रोकार्बन को बनाए रखना महत्वपूर्ण हो जाता है ताकि तेल के मूल गुणों को बरकरार रखा जाए। जब तेल में पानी का स्तर कम हो ।

ट्रांसफार्मर निर्जलीकरण और अपघटन संयंत्र में शामिल विभिन्न प्रक्रियाओं के साथ यह स्पष्ट है कि प्रक्रियाओं को बड़े पैमाने पर फ़िल्टर किया जाना चाहिए ताकि विभिन्न तेल संस्करणों को फ़िल्टर किया जा सके। बिजली की बढ़ती माँगों और उतार-चढ़ाव के साथ ट्रांसफार्मर का तेल निस्पंदन अधिक से अधिक माँग और परिष्कृत होता जा रहा है। नई तकनीक के आगमन के साथ अब पानी की गतिविधि या ट्रांसफार्मर के तेल में पानी की मात्रा औसत दर्जे की ऑनलाइन है और अनुमापन विधि जैसे प्रयोगशाला परीक्षण के तरीके सीमित होते जा रहे हैं। नए फिल्टर मशीन निर्माता तेल निस्पंदन से संबंधित हालिया रुझानों और प्रौद्योगिकी से अपडेट हैं और UHV और EHV ग्रेड ट्रांसफार्मर तेलों के लिए लगाए गए आवश्यकताओं के साथ भी।

पावर ट्रांसफार्मर तेल निस्पंदन सिस्टम कण और पानी संदूषणको एक साथफिल्टर करता है । हमारे निस्पंदन ट्रांसफार्मर तेल और घटक जीवन का विस्तार करता है, तेल की डाई इलेक्ट्रिक स्ट्रेंथ को बनाए रखता है, और बिजली के निर्वहन और ट्रांसफार्मर की विफलता की संभावना को कम करता है।

ट्रांसफार्मर के तेल का पुनर्ग्रहण (Reclamation of Transformer Oil) -

नमी, एसिड और कीचड़ ऑक्सीकरण उत्पाद हैं जो सबसे अधिक चिंता का कारण हैं। नए तेल के मूल्यों के करीब तेल के गुणों को बहाल करने के लिए ट्रांसफार्मर तेल की पुनः प्राप्ति एक उपाय है। यह इंगित करना महत्वपूर्ण है कि तेल पुनर्ग्रहण एक सुखाने की प्रक्रिया नहीं है। यदि ट्रांसफार्मर का इन्सुलेशन बहुत गीला है, तो ट्रांसफार्मर के सूखने को विस्मरण के साथ संयोजन में माना जाना चाहिए। डीगेसिंग और फ़िल्टरिंग एक रिक्लेमेशन प्रक्रिया भी नहीं है।

दूसरे शब्दों में, विस्मयादिबोधक उपयोग किए गए तेल को निपटान की आवश्यकता के बिना बार-बार इस्तेमाल किया जा सकता है। विशेष रूप से तेल रिफाइनरियों में परिवहन के दौरान संदूषण के संभावित जोखिमों को रोकने के लिए आम तौर पर तेल पुनर्ग्रहण किया जाता है।

एबीबी की तेल पुनर्ग्रहण विधि ट्रांसफार्मर के कुल तेल की मात्रा को कई बार (8-12) परिचालित स्तंभों (कोलम्स) के ऊपर परिचालित (सर्क्युलेट)किया जाता है, जो बॉक्साइट (एल्यूमीनियम ऑक्साइड) से भरे होते हैं। प्रक्रिया के दौरान, बॉक्साइट स्वत: सक्रिय होता है। पारंपरिक तकनीकों के साथ, सामग्री को बदलना और निपटाना होगा।

इन्सुलेट सामग्री की उम्र बढ़ने की दर पर निर्भर करता है विभिन्न मापदंडों जैसे: -

• मूल इन्सुलेशन सामग्री की गुणवत्ता

• तेल का तापमान

• नमी की मात्रा

• ऑक्सीजन सामग्री

• तेल की कमी से अम्ल

ऑक्सिडेशन तेल की उम्र बढ़ने का मुख्य कारण है। उम्र बढ़नेतेल की दर तापमान, साथ ही तांबा और लोहा जैसी धातुओं से प्रभावित होती है। नमी, अम्ल और कीचड़ हैंऑक्सीकरण उत्पाद जो सबसे अधिक चिंता का कारण बनते हैं।ट्रांसफार्मर ऑइल को रिकॉल करना रिस्टोर करने का एक उपाय है। तेल के गुण नए तेल के मूल्यों के करीब हैं। यह इंगित करना महत्वपूर्ण है कि तेल पुनर्ग्रहण एक सुखाने की प्रक्रिया नहीं है। यदि ट्रांसफार्मर का इन्सुलेशन बहुत गीला है,ट्रांसफार्मर के सूखने पर विचार किया जाना चाहिएतालमेल के साथ संयोजन। छाने और छानने का कामया तो एक पुनर्ग्रहण प्रक्रिया नहीं है।

नए तेल के मूल्यों के करीब तेल के गुणों को बहाल करने के लिए ट्रांसफार्मर तेल की पुनः प्राप्ति एक उपाय है। यह इंगित करना महत्वपूर्ण है कि तेल पुनर्ग्रहण एक सूखी प्रक्रिया नहीं है। यदि ट्रांसफार्मर का इन्सुलेशन बहुत गीला है, तो ट्रांसफार्मर के सूखने को विस्मरण के साथ संयोजन में माना जाना चाहिए।

जब तेल के पुनर्ग्रहण की प्रक्रिया शुरू की जाती है -

जब तेल न्यूट्रलाइजेशन नंबर, इंटरफेशियल टेंशन और अपव्यय के लिए अस्वीकार्य मूल्यों को दर्शाता है। कारक तो पुनः प्राप्त करने पर विचार किया जाना चाहिए। जब से इन्सुलेशन की उम्र बढ़ने एक अपरिवर्तनीय प्रक्रिया है, यह है कि गिरावट से पहले पुनः प्राप्त करने के लिए महत्वपूर्ण है।

बाइमैटेलिक रिएक्शन (द्वि धातु प्रक्रिया), स्टोपिंग ऑइल लीकेज (तेल लीकेज रोकना) और फ्यूज

बाइमैटेलिक रिएक्शन (द्वि धातु प्रक्रिया) स्टोपिंग ऑइल लीकेज (तेल लीकेज रोकना) और फ्यूज

बाइमैटेलिक रिएक्शन – जब दो धातुओं को आपस में जोड़ा जाता है, और उनके जुड़े रहने पर विद्युत प्रवाह का प्रभाव, ऊष्मा का प्रभाव, वातावरण का प्रभाव जो होता है उसे बाइमैटेलिक रिएक्शन (द्वि धातु प्रक्रिया) कहते हैं । यहा यह भी स्पष्ट करना आवश्यक है कि यदि दो धातुओं को आपस में मिलाकर मिश्रित कर नयी धातु बनती है वह उपरोक्त से अलग है । जैसे तांबा (कॉपर) एवं जस्ता (जिंक) से पीतल (ब्रास) का बनाना ।

विद्युत क्षेत्र में बाइमैटेलिक रिएक्शन विशेषत: जहां ज्वाइंट (जोड़) और वह भी विभिन्न धातु के होते हैं, इसके प्रभाव का अध्ययन, विवेचना और सावधानी बरतनी होती है । इसमें सबसे बड़ा प्रभाव ज्वाइंट के आपस में ढीलें (लूज) होना है । इससे विद्युत प्रवाह में अवरोध (कम मात्रा करेंट की होना) तथा दोनों धातुओं के बीच ऊर्जा के कारण धातुओं का अत्यधिक गर्म होना होता है । इससे ऐसी स्थिति उत्पन्न हो जाती है कि स्पार्क (चिंगारी) के माध्यम से किसी भी प्रकार की अप्रिय घटना से उपकरण और मानव दोनों प्रभावित होते हैं । मुख्यत: ट्रांसफार्मर के अन्दर लूज कनेक्शन की स्पार्क से ट्रांसफार्मर बॉडी में छेद होना और छेद से गर्म तेल निकलने से उपकरण स्वयं क्षतिग्रस्त होना और उसके क्षेत्र में अन्य उपकरण एवं मानव भी प्रभावित होते हैं ।

बाइमैटेलिक रिएक्शन से प्राय: एबी स्विच के जम्पर (लूज कनेक्शन के कारण) गर्म होकर गल जाते हैं और विद्युत आपूर्ति बाधित होने के साथ उस क्षेत्र में स्पार्क की गर्मी से इन्सुलेटर आदि के चटकने/फटने से लोहे के स्ट्रक्चर में करेंट आने से अप्रिय घटना घटती है ।

ट्रांसफार्मर (वितरण व पावर) तथा उपकेंद्र में स्थापित अन्य उपकरण वीसीबी, सीटी, पीटी एवं सीटी पीटी यूनिट (एमई), लाइटनिंग अरेस्टर, आइसोलेटर, एबी स्विच, कन्ट्रोल रूम (नियंत्रण कक्ष) में बैटरी के कनेक्शन सभी उचित तरीके से होना अनिवार्य हैं, जिससे बाइमैटेलिक रिएक्शन को कम किया जा सके । यह मुख्यत: बाहरी ज्वाइंट कनेक्शन हैं जिन्हें समय – समय पर निरीक्षण के दौरान पाई/देखी गई कमियों को सुधारा जा सकता है ।

उपकरणों के अन्दर मुख्यत: ट्रांसफार्मर, वीसीबी, सीटी, पीटी तथा सीटी पीटी (एमई) यूनिट में भी बाइमैटेलिक ज्वाइंट होते हैं जिन्हें बाहर से नहीं देखा जा सकता । ऐसे सभी बाइमैटेलिक कनेक्शन उचित तरीके से होने आवश्यक हैं । उपकरण के अन्दर के बाइमैटेलिक लूज कनेक्शन की स्पार्क से उपकरण से गड़गड़ाहट की आवाज उत्पन्न होती है, संबन्धित फेज का वोल्टेज, करेंट प्रभावित होता है । तत्काल ऐसे उपकरण का बंद कर सुधारात्मक कार्य करके ही उपकरण को पुन: संयोजन कर उपयोग में लाया जाये, अन्यथा

की स्थित में लगातार स्पार्क से टैंक, उपकरण के रेडिएटर, जमफर के कारण क्षतिग्रस्त होती हैं और गर्म ऑइल (तेल) बाहर निकलने से उससे संभावित दुर्घटनाओं से नहीं बचा जा सकता है ।

बाइमेटेलिक – क्लैम्प की आवश्यकता क्यों ? –

प्राय: जहां विद्युत सर्किट, उपकरण को परीक्षण, निरीक्षण तथा संधारण/अनुरक्षण (मेंटीनेंस) के लिए लाइन व उपकरण के चालू सर्किट से अलग करना, जैसे एबी स्विच खोलना, एबी स्विच के दोनों तरफ बाइमैटेलिक क्लैम्प लगाते हैं । ट्रांसफार्मर, सीटी, पीटी, वीसीबी, सीटी पीटी यूनिट को सर्किट से अलग करने के उपकरणों की बुशिंग के बाइमैटेलिक जमफर खोलकर या बाइमैटेलिक को यूनिट (उपकरण) से अलग करना आसान, बार – बार प्रयोग के कारण बाइमैटेलिक क्लैम्प सर्किट में अधिक मजबूत तथा अधिक करेंट ले जाने की क्षमता इनमें होती है, केवल मुख्य सावधानी कनेकशन करने व खोलने की आवश्यक होती है । बुशिंग के बाइमैटेलिक क्लैम्प की बुशिंग रोड में यदि उचित कसावट से अधिक कसावट से बुशिंग टूट सकती है अथवा उपकरण अंदर के कनेक्शन भी प्रभावित हो सकते हैं । यह सावधानी आवश्यक है ।

तेल (ऑइल) लीकेज बंद करना –

ऑइल एक तरल पदार्थ होता है जो हमेशा खुले में ऊंचे से नीचे की ओर बहता है । यहां हम विद्युत उपकरणों (ट्रांसफार्मर, सीटी, पीटी, ओसीबी, वीसीबी, सीटी पीटी यूनिट) में ऑइल का उपयोग होता है । उसे प्राय: ट्रान्सफार्मर ऑइल के नाम से सम्बोधित करते हैं । इसकी मुख्य विशेषता यह है कि विद्युत का कुचालक होता है, जबकि अन्य ऑइल अधिकतर विद्युत के सुचालक होते हैं । ट्रान्सफार्मर ऑइल विद्युत का कुचालक होने से ही उपकरणों को ठंडा (कूलिंग) करने हेतु उपयोग किया जाता है ।

ट्रान्सफार्मर ऑइल –

1. ट्रान्सफार्मर ऑइल एक हाइड्रोकार्बन आधारित खनिज तेल होता है । यह अशुद्धताओं और नमी से मुक्त होता है । इसके रासायनिक/भौतिक (फिजीकल) और इलेक्ट्रिकल गुणों का विवरण आई एस 335 : 1989 में दिये गये हैं, खासतौर पर नए ट्रान्सफार्मर ऑइल की डाइलेक्ट्रिक स्ट्रेंथ एक मिनट के लिए कम से कम 50 केवी होना चाहिए ।

आँख से निरीक्षण करने पर ट्रांसरमर ऑइल की तुलना निम्नलिखित प्रकार से की जा सकती है –

रंग, तेल की गुणवत्ता (क्वालिटी)

पीला/पारदर्शी/चमकदार, - बहुत अच्छा

पीला/भद्दा, - अच्छा

भूरा, - अच्छा नहीं

काला/भूरा, - मिलावटी

काला, - खराब/फेंकने लायक

1. ऑइल का तापमान– ट्रांसफार्मर का टेम्परेचर विभिन्न कारणों से बढ़ता है । ट्रान्सफार्मर वाईंडिंग ऑइल के गरम होने का एक कारण है ओवर लोडिंग । असाधारण रूप से वाईंडिंग और ट्रान्सफार्मर के ऑइल का टेम्परेचर बढ़ते ही उसे निराकरण करके तुरन्त अलग थलग कर देना चाहिए । ट्रान्सफार्मर पर वास्तविक कुशलता वाला कूलिंग सिस्टम लगाना चाहिए । अगर ठंडा करने के लिए फेन (पंखे) लगाए गए हैं तो उन्हें तब तक चलना चाहिए जब तक टेम्परेचर सामान्य न हो जावे ।

2. ऑइल लेवल – ट्रान्सफार्मर ऑइल लेवल का नियमित रूप से निरीक्षण करते रहना चाहिए । अगर ऑइल लीकेज या वाष्प/भाप बनकर उड़ जाने के कारण ऑइल लेवल घट गया हो तो उसमें अच्छी क्वालिटी का ताजा ऑइल भर देना चाहिए ।

ऑइल लीकेज तथा उसे रोकना –

1. ऑइल लेवल व गेज, गेस्केट शीट से ऑइल लीक होने लगता है । पेकिंग गेस्केट, वॉल्ट, बेलडेड़ ज्वाइंट, रेडिएटर और वाल्व फ्लेग आदि पर ऑइल लीक होने लगता है किसी अन्य प्रकार का लीकेज होने पर उस पर तुरन्त ध्यान देना चाहिए । ऑइल लीकेज अगर गेस्केट पर है तो उसके नट बोल्ट टाइट कर दिये जायें । अगर फिर भी ऑइल लीकेज न रुके तो पुराने गेस्केट की जगह नया गेस्केट लगा दिया जावे । लेकिन लीकेज ज्वाइंट्स से हो रहा है तो उसे बेल्डिंग करने की जरूरत होगी । तत्काल व्यवस्था के लिए एमसील कम्पाउंड उपयोग कर सकते हैं ।

2. ट्रान्सफार्मर बॉडी/रेडिएटर – ट्रान्सफार्मर बॉडी, रेडिएटर और दूसरे हिस्से को ध्यान से देखना चाहिए, कि उस पर जंग (रस्टिंग) तो नहीं लग रहा है । अगर किसी हिस्से पर जंग लगा है तो उस पर पेन्ट कर देना चाहिए, ट्रान्सफार्मर को समय - समय पर पेन्ट करते रहना चाहिए विशेषकर ऐसे स्थान/वातावरण जहाँ केमिकल प्रभाव रहता हो । अन्यथा की स्थिति में लगातार जंग से बॉडी व रेडिएटर से ऑइल लेकेज हो सकता है ।

3. इंस्यूलेटर बुशिंग – एक साफ और सूखा कपड़ा लेकर इन्सुलेटर बुशिंग को साफ करते रहना चाहिए, ध्यान से देखें कि बुशिंग में न क्रैक हो और नहीं चिपिंग । अगर हो तो उनपर एमसील एडेसिव लगावें । नहीं तो बुशिंग में क्रैक बढ़ने और बुशिंग टूटने, पंचर होने की स्थिति में ऑइल लीकेज की पूरी संभावनाएं रहती हैं ।

4. बाहरी जमफर – कनेक्शन – बाहरी कनेक्शनों की जांच करते रहें, जले हुए या जंग लगे हुए कंडक्टर को तुरन्त बदलें । दोनों तरफ के जमफरों को इंस्यूलेटिड (प्लास्टिक पाइप, केवल जमफर अथवा इन्सुलेटिंग कम्पाउंड की कोटिंग कंडक्टर पर) करने से जमफर टूटने की स्थिति में रेडिएटर अथवा बॉडी में छेद नहीं होगा और ऑइल लीकेज होने से

बच जाएगा ।

5. ऑइल टेम्परेचर - ओवर लोडिंग के कारण टेम्परेचर बहुत बढ़ जाता है ऐसी हालत में ट्रान्सफार्मर को स्विच ऑफ कर देना चाहिए या कूलिंग फेन (पंखे) चला देने चाहिए अन्यथा ऑइल गरम होकर बाहर निकल सकता है ।

6. कंजर्वेटर टैंक – कंजर्वेटर टैंक के हाई लेवल को नियमित रूप से चेक करें । कंजर्वेटर टैंक पूरा नहीं भरना चाहिए अन्यथा ऑइल गरम होने की स्थिति में बाहर निकलेगा ।

फ्यूज –

किसी भी विद्युत परिपथ (सर्किट) में फ्यूज का उपयोग किया जाता है इसकी क्षमता निर्धारित होती है और परिपथ में यदि किसी भी कारण से निर्धारित क्षमता से अधिक का करेंट/लोड प्रवाहित होता है तो वह फ्यूज ब्लोन ऑफ (जलना) हो जाता है । इस प्रकार से आगे की आपूर्ति (सप्लाई) बन्द हो जाती है, इस प्रक्रिया से विद्युत व्यवस्था के उपकरण मुख्यत लाइन व ट्रान्सफार्मर आदि सुरक्षित रह पाते हैं ।

विद्युत धारा (करेंट) के नियंत्रण हेतु फ्यूज का उपयोग किया जाता है, ताकि सर्किट में आवश्यकता से अधिक करेंट न गुजरे ।

यद्यपि लाइन फाल्ट अथवा फीडर का लोड (भार) निर्धारित सीमा से अधिक होने पर रिले के माध्यम से उपकेंद्र पर स्थापित ब्रेकर (वीसीबी) से भी लाइन ट्रिप होकर बन्द हो जाती है । इस प्रक्रिया से काफी अधिक संख्या में उपभोक्ता प्रभावित होते हैं । उचित स्थानों पर फ्यूज व्यवस्था/आटो रिक्लोजर से केवल प्रभावित उपभोक्ताओं की आपूर्ति बन्द होगी न कि फीडर से संबन्धित सम्पूर्ण उपभोक्ताओं की ।

फ्यूज के प्रकार (टाइप) -

1 - खुले फ्यूज – प्राय: इस प्रकार के फ्यूज सस्ते कम टिकाऊ एवं अविश्वसनीय फ्यूज कहलाते हैं । हवा के सतत संपर्क में रहने के कारण जल्दी कार्बनाइज होकर खराव हो जाते हैं । विभाग में इनका उपयोग अस्थाई तौर पर किया जाता है । ये प्राय: टीसी (टिंड कॉपर) फ्यूज वायर या अन्य सामान्य वायर के होते हैं ।

2 – अद्र्ध खुले फ्यूज – ये खुले फ्यूज से महंगे होते हैं । इनका अधिकतर उपयोग किया जाता है । किट केट या कट आउट फ्यूज इस श्रेणी में आते हैं ।

3 – बन्द फ्यूज

क – एचआरसी फ्यूज (हाई रप्चरिंग केपेसिटी फ्यूज) – ये अत्यन्त महंगे, विश्वसनीय एवं अधिक चलने वाले फ्यूज होते हैं । एचआरसी फ्यूज तथा कार्टराइज फ्यूज इस श्रेणी में आते हैं । इनका प्राय: उपयोग शहरी क्षेत्र में अधिक लोड के लिए होता है ।

ख – डीओ फ्यूज वायर – ये मुख्यत: 11 केवी और 33 केवी के लिए उपयोग होते हैं । एक कुचालक बैरल में फ्यूज वायर लगा होता है । फ्यूज के ब्लोन ऑफ (जलने पर) बैरल भी नीचे लटक (गिर) जाता है इसलिए इन्हें ड्रॉप आउट फ्यूज कहते हैं ।

फ्यूज क्षमता जानना –

सामान्यतः टीसी फ्यूज वायर की क्षमता वायर गेज के अनुसार नापकर फ्यूज वायर का उपयोग किया जाता है । एचआरसी फ्यूज तथा डीओ फ्यूज की क्षमता प्रायः लिखी होती है । तीसरे रेडीमेड फ्यूज जिनका कलर कोड होता है अथवा उनपर क्षमता लिखी होती है ।

फ्यूज क्षमता निर्धारण करना एवं सरल नियम –

सरल नियम –

फ्यूज एलटी लाइन, 11 केवी लाइन और 33 केवी लाइन में तथा वितरण/पावर ट्रान्सफार्मर के एचटी (प्राइमरी) और एलवी (सेकेन्डरी) साइड दोनों में उपयोग करते हैं । फ्यूज की क्षमता वोल्टेज के साथ करंट के अनुसार निर्धारित की जाती है । प्रायः ट्रान्सफार्मर की क्षमता केवीए और एमवीए तथा उपभोक्ता के भार (लोड) की क्षमता किलोवाट अथवा एचपी (हॉर्स पावर – अश्व शक्ति) में निश्चित होती है । सामान्य जानकारी हेतु एक एचपी 746 वाट (0.746 किलोवाट = 0.75 किलोवाट) के बराबर होती है । यदि पावर फ़ैक्टर 0.746 मानलें तब एक एचपी का मान एक केवीए के बराबर होता है । कहने का तात्पर्य यह है कि लगभग केवीए, एचपी बराबर होते हैं ।

फ्यूज रेटिंग सरल गणना -

विद्युत – 11 केवी लाइन में एक एम्पीयर करंट का केवीए पावर मान – जानना–

- पावर (केवीए) का सूत्र, तीन फेज व्यवस्था में वर्गमूल 3 तथा वोल्ट और एम्पीयर के गुणनफल के बराबर होता है ।
- इस सूत्र में वोल्टेज फेज से फेज के मध्य का होता है ।
- करंट लाइन में प्रवाहित होने वाला होता है ।
- अतः एक एम्पीयर करंट जब 11 केवी लाइन में प्रवाहित होता है तब उसका केवीए मान होगा –
- केवीए = 1.732 x 11 x 1 = 19.052 केवीए
- इसी को साधारण रुप से 20 केवीए मान लेते हैं ।
- इसका यह आशय हुआ कि एक एम्पीयर करंट जब 11 केवी लाइन में प्रवाहित होता है तब पावर 20 केवीए होगी

विद्युत – ट्रांसफार्मर फ्यूज क्षमता जानना - -

- 11 केवी साइड में 20 केवीए क्षमता के लिए एक एम्पीयर क्षमता का फ्यूज उपयोग होता है । इसी प्रकार से ट्रांसफार्मर की केवीए क्षमता में 20 से भाग देने पर जो संख्या आती है, उसी संख्या के अनुरूप 11 केवी साइड में फ्यूज क्षमता होगी ।

क्रमांक, - ट्रांसफार्मर क्षमता केवीए, क्षमता में 20 केवीए से भाग देने पर, - ट्रांसफार्मर 11 केवी साइड फ्यूज क्षमता (एम्पीयर)

1, - 25 केवीए, - 1.25, - 1एम्पीयर

2, - 63 केवीए, - 3.15, - 3एम्पीयर

3, - 100 केवीए, - 5.0 , - 5 एम्पीयर

4, - 200 केवीए, - 10.0 , - 10 एम्पीयर

5, - 315 केवीए, - 15.75 , - 15 एम्पीयर

6, - 500 केवीए, - 25.0 , -25 एम्पीयर

7, - 1000 केवीए, - 50.0 , - 50 एम्पीयर

- विद्युत कर्मचारी जो फ्यूज क्षमता जानने के लिए ट्रांसफार्मर केवीए क्षमता से 20 का भाग दे कर 11 केवी साइड के फ्यूज क्षमता जानने में असुविधा महसूस करते हैं । उनके लिए अगली तालिका में सरल उपाय बताया गया है ।
- पहले ट्रांसफार्मर केवीए क्षमता के इकाई अंक को छोड़कर उसका आधा करने पर जो संख्या आती है वह फ्यूज रेटिंग क्षमता होती है ।

क्रमांक, - ट्रांसफार्मर क्षमता केवीए, - ट्रांसफार्मर क्षमता के इकाई अंक को छोड़कर लिखना, - 11 केवी साइड के फ्यूज क्षमता एम्पीयर में जानने के लिए पहले कालम में लिखी संख्या का आधा करते हैं ।

1, - 25 केवीए, - 2 , - 1एम्पीयर

2, - 63 केवीए, - 6, - 3 एम्पीयर

3, - 100 केवीए, - 10, - 5 एम्पीयर

4, - 200 केवीए, - 20, - 10 एम्पीयर

5, - 315 केवीए, - 31, - 15 एम्पीयर

6, - 500 केवीए, - 50 , - 25 एम्पीयर

7, - 1000 केवीए, - 100, - 50 एम्पीयर

एलटी साइड के फ्यूज क्षमता के लिए एचटी साइड क्षमता का 25 गुना करने पर एलटी करेंट रेटिंग मिल जाती और उसके अनुरूप फ्यूज का उपयोग करते है ।

लेखक

लेखक

रनवीर सिंह (तोमर) आत्मज स्व. श्री दिलीप सिंह

जन्म – 02 जुलाई 1955

जन्म स्थान - गांव - नगला भूपसिंह, डाकघर - पिसावा, जिला अलीगढ़, उत्तर प्रदेश 202155.

शिक्षा – बी. एस सी. इंजीनियरिंग (इलेक्ट्रिकल) अलीगढ़ मुस्लिम यूनिवर्सिटी अलीगढ़ उ.प्र. (1978).

सेवा – मध्य प्रदेश विद्युत मंडल (1979 से 2015), 36 वर्ष, सेवानिवृत - अति. मुख्य अभियन्ता.

वर्तमान – फेकल्टी मेंम्बर पावर डिस्ट्रीब्यूशन ट्रेनिंग सेंटर भोपाल.

वर्तमान निवास – मकान न. डुप्लेक्स - 11, कुटुम्ब अपार्टमेंट बलवन्त नगर, यूनिवर्सिटी रोड ठाठीपुर, ग्वालियर म.प्र. 474002.

अभिरुचि – पुस्तक अध्ययन, इलेक्ट्रिकल विषयों पर लेक्चर देना, सामाजिक गतिविधियाँ, वृक्षारोपण कार्य आदि.

अणु डाक – er.rsingh55@gmail.com , चलित दूरभाष +91 9425137463 .

प्रकाशित पुस्तकें – चौरासी का चक्कर, ऊर्जा संरक्षण एवं अक्षय ऊर्जा, विद्युत – सुरक्षा एवं उपचार, जाट संत, विद्युत वितरण संचालन और संधारण, जटवारा चम्बल सिंध, ज्योतिष और भारतीय पर्व, विद्युत ऊर्जा मीटर, अर्थिंग (भू संयोजन) (प्रकाशक – नोशन प्रेस/Notion Press, वितरक – नोशन प्रेस, अमेज़न, फिल्पकार्ट).